如何成为掼蛋高手
掼蛋宝典

刘行苍 著

人民日报出版社

图书在版编目(CIP)数据

如何成为掼蛋高手：掼蛋宝典 / 刘行苍著. -- 北京：人民体育出版社, 2024（2024.3重印）
ISBN 978-7-5009-6419-3

Ⅰ.①如… Ⅱ.①刘… Ⅲ.①扑克-牌类游戏-基本知识 Ⅳ.①G892.1

中国国家版本馆CIP数据核字(2023)第246454号

*

人民体育出版社出版发行
北京新华印刷有限公司印刷
新 华 书 店 经 销

*

787×960   32开本   6.625印张   100千字
2024年1月第1版   2024年3月第2次印刷
印数：5,001—10,500册

*

ISBN 978-7-5009-6419-3
定价：36.00元

社址：北京市东城区体育馆路8号（天坛公园东门）
电话：67151482（发行部）   邮编：100061
传真：67151483   邮购：67118491
网址：www.psphpress.com
（购买本社图书，如遇有缺损页可与邮购部联系）

前 言

掼蛋是一种扑克牌游戏，起源于江苏省淮安市，流行于江淮地区。掼蛋（掼牌）具有很强的娱乐性、参与性、观赏性、科学性和竞技性，能提高人的记忆力、判断力、分析力和合作意识。由于其简单易学、老少皆宜、愉悦身心，深受大众喜爱，近几年在许多城市广泛开展并呈现普及态势。2017年，国家体育局总局棋牌管理中心审定了《淮安掼蛋竞赛规则》，这是第一个全国通用的掼蛋竞赛规则。2023年，掼蛋（掼牌）被列为第五届全国智力运动会表演项目。

首都金融圈近几年比较流行打掼蛋，以前比较热门的德州扑克逐渐让位于掼蛋。有的金融机构还编写了掼蛋基本规则和口诀，并免费赠送专用的掼蛋扑克牌。自古至今，以牌会友都是比较流行的社交方式。当下，掼蛋大有后来居上之势。

我是安徽芜湖人，20世纪90年代大学毕业分配到中央国家机关工作，跟领导和同事学习打桥牌。后来调到北京市政府有关部门工作，也学习过双升、敲三家、斗地主等扑克牌玩法。我在北京和安徽芜湖跟高手们学习掼蛋有七年多的时间。体育运动我还喜欢打羽毛球和网球，跟着教练学习打羽毛球五年，跟着教练一起陪老乡老总打网球有十五年时间。

本书借鉴了桥牌里的牌力计算概念，比较系统地讲述了牌力计算标准和计算方法，比较准确地界定了强牌和弱牌的牌力分值与牌型组合。本书还借鉴了围棋的收官概念和象棋的残局概念，把掼蛋打牌过程划分为开局、中场和收官三个阶段。开局阶段强调选手的角色定位和组牌思维，中场阶段主要阐述双方选手的实力展示和进攻策略，收官阶段注重讲解如何判断对手的牌型组合和攻防技巧。

要成为一名掼蛋高手，需要提高记牌能力和牌力计算能力。人的大脑和电脑一样主要拥有存储和计算两大功能。存储功能就是记忆能力，计算功能就是牌力计算能力。当下最热门的人工智能主要依靠的也是芯片的超级存储能力和超级计算能力。无论是桥牌，还是掼蛋，一般都要求选手记住牌桌上的王牌、参谋和大牌，以此估算搭档和对手手中的牌力与牌型组合。本书不仅介绍了牌力计算标准和方法，同时还详细介绍了记住大牌和关键牌的方法与技巧。

本书共十二讲。前三讲主要介绍掼蛋基本理论，包括掼蛋基本规则、牌力计算方法和打牌战略思维。第四讲到第七讲着重介绍掼蛋基本策略和出牌技巧，包括强牌上游策略、弱牌出牌策略、一般牌力战法和配合搭档策略。第八讲到第十一讲详细介绍了掼蛋的一些方法和技巧，包括记住大牌小牌、识别出牌信号、收官牌型定式和掼蛋主要定律。第十二讲介绍了掼蛋的一些文明礼仪规范和有关注意事项。附件一介绍了三十一个常用掼蛋术语，附件二是常用掼蛋出牌口诀，这些口诀堪称掼蛋宝典。

我在北京工作和打牌三十多年，得到很多牌友的指导和帮助，在此表示衷心的感谢。牌友中有年轻的英才俊杰，有在职的企业老总和院校领导，还有退休的老干部和老将军。撰写本书也是回应一些掼蛋牌友的建议，把多年的打牌心得体会与牌友分享。本书还有诸多不足之处，恳请各位专家和牌友多多批评指正。

十分感谢赵洛萍女士对本书的内容撰写与审核提出的宝贵意见和鼎力支持。

2024 年 2 月 22 日

目 录

001 第一讲 掼蛋基本规则

003　1. 出牌规则

006　2. 牌型组合

008　3. 参谋与♥参谋

009　4. 进贡与抗贡

010　5. 升级和双升

012　6. 牌局输赢

015 第二讲 牌力计算方法

016　1. 牌力

017　2. 大牌与小牌

018　3. 牌力分值计算标准

020　4. 强牌与弱牌

026　5. 牌力与牌型组合

029　第三讲　打牌战略思维

- 030　1．组牌战略
- 031　2．控制力与出牌权
- 032　3．打牌三个阶段
- 033　4．开局阶段
- 037　5．中场阶段
- 038　6．收官与复牌

041　第四讲　强牌上游策略

- 042　1．强牌定义
- 045　2．常见强牌牌型
- 050　3．超强牌牌型组合
- 052　4．强牌上游策略
- 054　5．超强牌上游策略

057　第五讲　配合搭档策略

- 058　1．全过程配合搭档
- 059　2．优先支持搭档争上游
- 060　3．估算搭档牌力与牌型
- 064　4．大胆设想，谨慎求证

065　5. 放弃搭档，冲出重围

067　第六讲 弱牌出牌策略

068　1. 弱牌定义

070　2. 弱牌常见牌型

071　3. 弱牌策略

073　4. 弱牌出牌技巧

075　5. 死亡牌型组合

077　第七讲 一般牌力战法

078　1. 一般牌力定义

079　2. 常见牌型组合

082　3. 一般牌力战法

085　4. 出牌手数估算

088　5. 上手牌数量

091　第八讲 记住大牌小牌

092　1. 首先记住王牌和参谋

093　2. 重点记住大牌

094	3.	记住两张关键牌
095	4.	记住两张小牌
096	5.	计算搭档和对手的牌力

099　第九讲　识别出牌信号

100	1.	识别强牌信号
104	2.	识别弱牌信号
107	3.	识别牌型信号
112	4.	识别攻防信号
116	5.	识别牺牲牌信号

125　第十讲　收官牌型定式

126	1.	收官定义
127	2.	收官策略
130	3.	收官攻防技巧
135	4.	常见收官牌型

141　第十一讲　掼蛋主要定律

142	1.	搭档优先定律
149	2.	不打强牌定律

152	3. 强牌弱打定律
154	4. 保持牌型完整定律
155	5. 用好炸弹定律
157	6. 不必打牌型定律

163 第十二讲 掼蛋文明礼仪

165	1. 基本规范
166	2. 语言文明
168	3. 行为文明
170	4. 包容差异
173	5. 牌场修行
175	6. 适当注意防沉迷

177 附件一：常用掼蛋术语
189 附件二：常用出牌口诀

193 后记

第一讲 掼蛋基本规则

掼蛋与其他扑克牌游戏相比，主要特点有三个：一是出牌数量较多，俗称跑得快，可以一次出五张或六张的组合牌型，包括五张牌组成的顺子、三带二和六张牌组成的三连对与钢板；二是炸弹多，包括四同张及以上炸弹、同花顺炸弹、四大天王炸弹以及由♥参谋配成的炸弹；三是变化大，因为每副牌有两个可以百搭牌型的♥参谋，既可以配成炸弹，也可以配成其他诸多牌型，经常让对手防不胜防。

掼蛋主要规则有三条：一是有两个五张和两个六张的完整牌型组合，包括顺子（如98765）、三带二（如99966）、三连对（如334455）和钢板（如666777），俗称跑得快；二是♥参谋的百搭作用，可以搭配四同张及以上炸弹、可以搭配同花顺炸弹，还可以搭配完整牌型中的顺子、三带二、三连对和钢板，因为有了♥参谋的百搭功能，打牌的变化就多了，正如孙悟空的七十二变，让防守方常常把握不准；三是炸弹多，两副牌可以有四同张至八同张炸弹，有同一花色组成的同花顺炸弹（包括♠、♥、♦、♣），还有♥参谋配成的同花顺炸弹和四同张及以上的炸弹，最大的炸弹是两个大王和两个小王组成的四大天王。以上三条规则不仅是掼蛋区别于其他扑克牌游戏的主要特点，还是掼蛋胜于其他扑克牌游戏的主要优势所在。

1. 出牌规则

一副扑克牌有54张牌，包括一张大王、一张小王和四组不同花色的牌共52张构成。四组牌分别是♠AKQJ1098765432，♥AKQJ1098765432，♦AKQJ1098765432和♣AKQJ1098765432。掼蛋是由两副扑克牌组成的，一共108张牌，包括两张大王、两张小王，以及其他四种花色构成的104张牌。

牌值是指一张扑克牌的数字值，比如♣3的数字值是3，牌值就是3。AKQJ1098765432分别对应的数字值是14、13、12、11、10、9、8、7、6、5、4、3和2。按照大小顺序，一副牌按牌值排列就是大王、小王、参谋和AKQJ1098765432。

出牌顺序是由东西南北四方选手中的一方领先出牌，按照逆时针方向的顺序，其他三方按照方位次序逐一出牌。例如，由北方选手领先出牌，然后按照西、南、东的方位次序陆续出牌。

一副牌中每一圈领先出牌的一方称为领牌方，其他三方依次出牌的称为跟牌方。跟牌就是按照牌值大小顺序出牌的，例如，北方选手先出一张♣3，西方选手必须出牌值比3大的牌，如♦5，而南方选手必须出牌值比5大的牌，如♠6，东方选手必须出牌值比6大的牌，如♥7。

一圈牌是指由领牌方出牌，其他三方按照领牌方的牌型相继出牌，直到其中一方出牌之后，其他三方选择不出牌的过程。例如，北方选手先出牌♣3，西方选手出牌♥5，南方选手出牌♦8，东方选手出牌♣9，北方选手再次出牌♠J，西方选手再次出牌♣K，东方选手再次出牌◆A，北方选手再次出牌小王，西方选手再次出牌大王。西方选手出牌大王之后，南方选手、东方选手和北方选手都选择不出牌，这样的出牌过程就称为一圈牌。一副牌的出牌活动由若干圈的牌组成，而决定输赢的一局牌由若干副牌组成。一局牌是指由从2开始升级到A的若干副牌组成的，包括2、3、4、5、6、7、8、9、10、J、Q、K、A、过A（也称A+）等十四级。率先通过A级的一方（南北方或者东西方）选手就获得了这一局牌的胜利。

出牌权就是指每个选手通过出牌活动拿到新一圈牌的率先出牌的权利。如上述案例中西方选手出牌大王之后就拿到了新一圈牌的出牌权。西方选手在新一圈牌率先出牌时可以选择出任何牌型，如单张、双张、三带二、顺子（五连张）、三连对等牌型。

每局第一副牌的第一圈牌的出牌权是由抽签方式产生的，而第一副牌的第二圈牌以及后面的每一圈牌的出牌权，都是由四方选手通过出牌活动竞争获得的。第二副牌的第一圈牌的出牌权是指定给进贡的下游选手，即由下游选手率先出牌。第二副牌的第二圈牌及以后的出牌权，都是由四方选手通过出牌活动竞争获得的。同理，第三副牌到牌局最后一副牌的第一圈牌的出牌权都是指定给进贡的下游选手。如果下游选手拿到两个大王就可以抗贡，那么由上游选手在第一圈牌中率先出牌。

2. 牌型组合

牌型是指一张牌或者多张牌的一个组合。一般牌型包括单张、双张（两张牌值相同的牌）、三同张（三张牌值相同的牌）、三带二（三同张带双张）、顺子（自然顺序五连张）、三连对（三对相连的牌）、钢板（两个相连的三同张）共七种牌型。例如单张 3、双张 55、三同张 777、三同张 999 带双张 44、顺子 98765、三连对 887766 和钢板 QQQJJJ。普通牌型对花色没有要求，可以由♠、♥、♦和♣四种花色牌混合组成。

完整牌型是指由五张牌和六张牌组成的一般牌型，包括三带二、顺子、三连对和钢板四种牌型，例如 99955、87654、776655 和 444333；而分散牌型是指单张、双张和三同张三种一般牌型,例如单张9、双张77及三同张555。

优势牌型是指由大牌AKQJ等组成的完整牌型,例如三带二AAA33(三同张由大牌组成)、顺子AKQJ10、三连对AAKKQQ和钢板QQQJJJ四种牌型。

强势牌型主要是指炸弹的几种牌型组合,包括四大天王(两张大王和两张小王)、同花顺(同一花色的五张顺子,♠♥♦♣四种花色任何一种花色都可以)、四同张及以上炸弹(如四同张5555、五同张77777、六同张999999、七同张6666666和八同张44444444)等炸弹牌型。

由♥参谋牌配成的炸弹牌型,包括同花顺(其中一张花色是由♥参谋替代的),由一张或者两张♥参谋配成的四同张、五同张、六同张及以上炸弹牌型。例如,2是参谋,那么♥2就是♥参谋,可以与三同张555、四同张7777或五同张99999配成不同级别的炸弹;♥参谋2还可以与四张同一色♣6543配成一个同花顺炸弹,即♣6543♥参谋2。

炸弹级别是指炸弹牌值的大小,炸弹由大到小分别是四大天王（最大级别的炸弹）、六同张及以上同张（理论上可以组成十同张炸弹，包括两张♥参谋加八同张）、同花顺（五张中最大的炸弹）、五同张和四同张（最小级别的炸弹）。

3. 参谋与♥参谋

参谋，又称级牌和百搭，是指从 2 开始到 A 的任何一级的特定牌值。例如一局牌开局从 2 开始打牌，2 就是参谋；如果从 2 升级到 5，5 就是参谋；如果升级到 A，A 就是参谋。参谋的牌值小于大王和小王，大于 A，排名第三。

♥参谋是指四种花色牌中的♥花色牌，一副牌只有两张♥参谋。例如 2 是参谋，♥2 就是♥参谋；如 8 是参谋，♥8 就是♥参谋；如 A 是参谋，♥A 就是♥参谋。♥参谋可以代替 AKQJ1098765432 十三张中的任意一张牌，以及♠♥♣♦四种花色中的任意一种。例如♥参谋 8 与单张 7 可以配成 77，作为双张出牌；♥参谋 8 与双张 77 可以配成 777，作为三同张出牌；♥参谋 8 可以与三同张 777

配成 7777，即成为炸弹。♥参谋 8 可以与五张顺子中的任意四张牌配成顺子，也可以与一色顺子里的任意四张牌配成同花顺，即成为同花顺炸弹。同理，♥参谋可以与三连对牌型中任意五张牌搭配，作为三连对牌型出牌；♥参谋可以与钢板牌型中任意五张牌搭配，配成钢板牌型出牌。

有规则就有例外。♥参谋的例外情况就是不能跟大王和小王搭配，就是说♥参谋不能跟大王或小王搭配成双张和三同张牌，也不能跟三张王牌配成炸弹。

4. 进贡与抗贡

进贡是指上一副牌的下游选手向上游选手进贡手中最大的一张牌，包括王牌、参谋或其他大牌。

还贡是指上游选手需要还给下游选手一张小于 10（含 10）的牌，包括 1098765432 中的任何一张。进贡的下游选手可以在本副牌的第一圈牌率先出牌。

抗贡是指下游选手同时抓到了两张大王，就可以拒绝向上游选手进贡，那么本副牌的第一圈牌则由上游选手率先出牌。

双贡是指任一方的两名选手同时获得了三游和下游的位置，则该方两名选手需要同时向获得上游和二游位置的另一方两名选手进贡。上游选手必须从两张进贡的牌中挑选最大的牌，而进贡最大牌的选手则可以在本副牌第一圈牌率先出牌。

双抗是指需要进贡的一方两名选手同时抓到了两个大王（包括一名选手独自抓到两个大王和两名选手各自抓到一个大王的两种情况），那么该方两名选手则可以拒绝进贡。在双抗的情况下，本副牌第一圈牌则由上游选手率先出牌。

有规则就有例外。进贡的例外情况就是手里最大的牌是参谋，而且只有一张♥参谋，则下游选手可以拒绝进贡♥参谋，但是必须进贡手里牌值仅次于♥参谋的其他牌。例如手里最大的牌只有一张♥参谋8，那么必须进贡手里牌值仅次于♥参谋8的大牌，包括A、K、Q、J等。

5. 升级和双升

一副牌中第一个把手中牌出完的选手就是上游，依此类推，第二个出完牌的是二游，第三个出完牌的是三游，最后一个出完牌的或者三游出完牌之后还没有出完牌的就是下游。只有获得上游位置的一方可以获得升级奖励。

每局牌的第一副牌都是从 2 开始打，每副牌结束时根据上游选手的搭档获得位次的情况，给予上游方不同的升级奖励。如果上游选手的搭档同时获得了二游的位置，称为双升，则上游一方获得升三级的奖励；如上游的搭档获得了三游的位置，则上游一方获得升两级的奖励；如上游的搭档是下游，上游一方可以获得升一级的奖励。例如从 2 开始打牌，升一级就是打 3，升两级就是打 4，升三级就是打 5。

如果同一方两名选手分别获得了上游和二游的位置，该方就是双升，可以升三级，对方两名选手分别获得三游和下游位置的就是双下。

每一局牌的第一副牌都是从 2 开始打，所以刚开始都是确定 2 为参谋。所以升级从 2 开始计算，升一级就是从 2 上升到 3，下一副牌 3 就是参谋；升两级就是从 2 上升到 4，4 就是下一副牌的参谋；升三级就是从 2 上升到

5，下一副牌的参谋就是5。如果5是参谋，升一级就是6，升两级就是7，升三级就是8。升级到A就是顶峰了，任一方选手率先通过A就是获得了该局牌的胜利。

6. 牌局输赢

一局牌是由若干副牌组成的，每局牌的第一副牌都是从确定2为参谋开始的。每一副牌都会产生上游、二游、三游和下游的选手，因此每一副牌都会让获得上游位置的那一方选手获得升级奖励。例如南北方（或者东西方）选手在任一副牌中分别获得了上游和二游的位置，那么南北方就可以升三级。如果南北方分别获得了上游和三游的位置，南北方就可以升两级；如果南北方分别获得了上游和下游的位置，南北方就可以升一级。依此类推，南北方选手率先升级到A，并且在三次之内顺利通过A级，那么南北方选手就赢了该局牌，东西方选手则输了该局牌。

正规比赛一般设定三局两胜制，或者五局三胜制，比赛结果容易判定。比赛也可以设定在一定时间内（如两个小时至五个小时），在设定时间结束之时哪一方处于领先位置，就算赢得了比赛。领先位置既包括一方获胜局的数量多于对手，也包括在获胜局数量与对手相等的情况下，一方在未结束的牌局中参谋牌数值大于对手参谋牌数值。例如在双方获胜牌局数量相等的情况下，南北方在未结束的牌局中参谋牌数值是10，东西方参谋牌数值是9，则可以判定南北方选手获胜。

第二讲
牌力计算方法

打仗需要实力，打牌也需要实力。所谓牌技，就是先有牌力，再加上打牌技巧；如果没有一定的牌力，仅仅依靠技巧是远远不够的。选手一般根据手中的牌力分布和牌型组合来计算手中的总体牌力，并以此确定自己的角色定位和出牌策略，如牌力强的选手可以担当主攻角色，争取上游的位置，而牌力一般的选手应该承担支持搭档争上游的助攻角色。

1. 牌力

牌力是指选手手中 27 张牌的总体实力，但不是 27 张牌牌值的简单加总。只有特定牌型才具有牌力，包括王牌、参谋、大牌组合的完整牌型以及炸弹牌型。针对不同的牌型赋予不同的牌力分值,一个炸弹的牌力分值是 4 点,单张大王的牌力分值是 1 点,双张小王或者双张参谋的牌力分值是 1 点,由大牌组成的优势牌型牌力分值都是 1 点(包括三带二 AAA99、顺子 AKQJ10、三连对 AAKKQQ、钢板 AAAKKK 等完整牌型)。

牌力分值主要是按照在出牌活动中每个牌型获得出牌权的能力大小确定的,例如炸弹可以压制其他任何牌型,所以分值最高。其他几种牌型具有 1 点分值,是因为它们在同一种牌型(包括单张、双张、三同张、三带二、顺子、三连对和钢板等牌型)出牌过程中能够获得一次出牌权。没有能力获得出牌权的一般牌型就没有牌力分值,也就是没有牌力。

2. 大牌与小牌

我们将一副牌中的 54 张牌划分为王牌(包括大王和小王)、参谋(特定的牌值)、大牌(包括 AKQJ)、一般牌(包括 10987)和小牌(包括 65432)等不同类型。

之所以划分大牌和小牌,就是因为它们具有不同的牌值,在出牌活动中拥有不同的控制力。可以根据牌值的大小来确定不同的牌型组合的牌力分值,从而计算手中 27 张牌的总体牌力。

3. 牌力分值计算标准

我们将王牌、参谋、大牌以及炸弹等不同类型的牌型组赋予一定的牌力分值,便于选手们计算和掌握。

第一,炸弹具有特别大的威力,一个炸弹牌型的牌力分值是 4 点,包括四大天王、同花顺、四同张及以上炸弹牌型。炸弹虽然有多种牌型,如四同张、五同张、同花顺炸弹、六同张等,但统一赋予 4 点的牌力分值,不再做进一步的牌力划分。炸弹的威力特别大,是因为选手通过使用炸弹在出牌活动中可以随时压制各类牌型的出牌,从而掌握下一圈牌的出牌权。如炸弹可以压制单张、双张、三同张、三带二、顺子、三连对、钢板等各类牌型。当然,级别大的炸弹也可以压制级别小的炸弹,如 7777 可以压制 6666,五张同花顺炸弹可以压制四同张炸弹和五同张炸弹，六同张炸弹可以压制五张同花顺以及五同张炸弹。

第二，王牌和参谋具有较大的威力，所以单张大王的牌力分值是 1 点，双张小王（作为双张牌型一起出）的牌力分值是 1 点，双张参谋（作为双张牌型一起出）的牌力分值是 1 点。以上三种牌型之所以赋予牌力分值 1 点，是因为这些牌型在出牌活动中拥有较强的控制力，即可以控制一圈牌中相同牌型的出牌活动，从而获得在下一圈牌的出牌权。大王可以获得单张牌型的出牌权，双张小王可以获得双张牌型的出牌权，双张参谋一般也可以获得双张牌型的出牌权（因为双张小王同时打出来的概率较小），因此都赋予它们 1 点牌力分值。

第三，由大牌组成的完整牌型（即优势牌型）也具有一定的威力，包括钢板 KKKQQQ、三连对 AAKKQQ、三带二 AAA99 和 AKQJ10 顺子四种牌型，因此赋予以上四种优势牌型的牌力分值都是 1 点。以上优势牌型在出牌活动中也拥有一定的控制力，从而可以获得下一圈牌的出牌权。

总之，单张大王、双张小王、双张参谋和优势牌型（由大牌组成的五张以上牌型）都具有 1 点牌力分值，而炸弹因其威力大而具有 4 点牌力分值。简单来说，在一圈牌中能够拿到出牌权的牌型就具有一定的牌力。

4. 强牌与弱牌

根据牌力分值的大小，我们将选手手中的 27 张牌的牌力划分为强势牌力（简称强牌）、弱势牌力（简称弱牌）和一般牌力。

强牌是指拥有牌力分值 12 点以上，一般拥有两个及两个以上炸弹，而且还拥有其他有牌力的牌型组合（包括王牌、参谋、完整牌型等）。就是说首先要有炸弹，其次要有王牌、参谋和大牌的牌型组合，最后还要求有两套以上完整牌型，同时要求单张和双张小牌较少，包括单张小牌和双张小牌。因为小牌多不仅影响了选手前进的速度，还削弱了整体的战斗实力。所以强牌不仅要看炸弹、王牌参谋、大牌组合，还要评估小牌的数量及其负面影响。

一手牌是指每个选手一次所打出的牌，可以是一张，也可以是多张牌的组合。选手手中 27 张牌全部出完需要的次数，称为出牌手数。出牌手数少，说明手中五张和六张组成的完整牌型较多，出牌速度快，选手也就跑得快。单张小牌和双张小牌较多，就是出牌手数多，即使炸弹多，选手出牌的速度也会受到影响。单张和双张出牌效率低，出牌速度慢，因此，出牌手数的多少是影响牌力强弱的一个重要因素。

上手牌是指每个选手为了拿到下一圈牌的出牌权而使用的具有一定牌力的牌型，包括炸弹、大王、小王、参谋和大牌组成的优势完整牌型。上手牌的多少决定一个选手能够获得出牌权的次数，只有具备一定数量的上手牌，该选手才能主动顺利地把牌出完。因此，上手牌的多少与牌力的强弱也是密切相关的。

【案例1】北方选手，单张大王、单张小王、双张参谋88、AAA、KKKQQQ、99、666、5555、4、3333，牌力12点，包括两个炸弹8点、单张大王1点、双张参谋1点、三同张AAA1点和钢板KKKQQQ组合1点。出牌手数是9，包括单张大王、单张小王、单张4、双张参谋、AAA99、KKKQQQ、666、5555、3333共9手牌。上手牌有6个，包括单张大王、双张参谋、三带二 AAA99、KKKQQQ、炸弹 5555 和炸弹 3333（本书案例中的参谋牌多选用 8，案例有特别说明的除外）。

【案例 2】西方选手，单张大王、双张参谋 88、AAKKQQ、JJJJ、101010、9999、777、66、55。牌力 11 点，包括单张大王 1 点、双张参谋 1 点、AAKKQQ 优势牌型组合 1 点和两个炸弹。出牌手数 7，包括单张大王、AAKKQQ、10101088、776655、7 和炸弹 JJJJ 和 9999。上手牌数为 4 个，或者 5 个包括双张参谋 88。

♠【思考题 1】请问案例 1 北方选手和案例 2 西方选手，哪个能够顺利争到上游？

◆【思考题 1 参考答案】

> 案例 1 需要处理是单张 4 和三同张 666，小王可以跟牌出去。案例 2 需要处理的弱牌只有双张 66。通过分析比较，案例 2 西方选手牌型更完整，出牌手数更少，两个炸弹也比案例 1 北方选手的炸弹大，因此西方选手能够顺利获得上游位置。

弱牌是指牌力分值在 6 点以下，最多拥有一个炸弹，其他牌型多为一般的组合。

【案例 3】 南方选手，单张大王、单张小王、单张参谋 8、AAA、KK、Q、JJ、101010、99、77、66、5、44、3333。牌力 6 点，包括单张大王 1 点、三同张 AAA 组合 1 点和一个炸弹 4 点。出牌手数 12，包括单张大王、单张小王、单张参谋、单张 Q、单张 5、AAA44、10101066、双张 KK、JJ、99、77 和一个炸弹 3333 等。上手牌 3 个，包括大王、三同张 AAA 和一个炸弹。

总之，弱牌的控制力非常弱，炸弹数量少，有控制力的牌型也少，在一副牌的出牌过程中执弱牌的选手可能只有两次或者三次的出牌权。即使其牌型组合比较完整，也不具备担当主攻角色的实力，所以，几乎可以预料到，执弱牌选手会拿到三游或者下游的位次。

一般牌力是指牌力分值 7~11 点，拥有一个以上的炸弹，牌型组合比较完整，在一副牌的出牌活动中拥有一定的控制力，可能拥有三次或三次以上的出牌权。

【案例 4】 东方选手，单张大王、单张小王、双张参谋88、AAA、KK、Q、JJ、101010、9999、77、66、44、3、2，牌力7点，包括单张大王1点、双张参谋1点、三同张AAA 1点和一个炸弹4点；出牌手数12，包括5个单张（单张大王、小王、Q、3、2）、4个双张（参谋88、双张KK、JJ、77）、2个三带二（AAA66和10101044，可以带走2个双张）和1个炸弹；上手牌有4个，包括单张大王、双张参谋、一个三带二AAA44和一个炸弹。

案例4东方选手需要出牌12手，只有4个上手牌，没有足够的牌力和牌型争上游，因此在组牌阶段就要明确把自己定位为助攻角色，在开局阶段和中场阶段要积极配合搭档力争上游。

【案例5】北方选手，单张大王、单张小王、双张参谋88、双张AA、KK、Q、JJ、1010、9999、76543、3、2222，牌力10点，包括单张大王、双张参谋和两个炸弹。出牌手数是12，包括4个单张、5个双张、1个顺子和两个炸弹。上手牌有4个，包括单张大王、双张参谋和两个炸弹。

♠【思考题 2】请问案例 5 北方选手有争上游的可能性吗?

◆【思考题 2 参考答案】

> 第一,北方选手牌力 10 点,属于一般牌力,不是强势牌力。第二,北方选手出牌手数为 12,包括 4 个单张和 5 个双张,因此牌型比较分散,很难较快把牌出完。第三,上手牌只有 4 个,包括单张大王、双张参谋和两个炸弹,而需要处理的弱牌有单张 3 和双张 1010。因此,从北方选手本身的牌力和牌型来看,争上游的可能性不大。如果北方选手的搭档南方选手具有较强的牌力和双张牌型,南方选手配合北方选手连续打出双张,让北方选手上手出牌,那么北方选手争上游的可能性大大增加。当然还要看他们的对手东方选手和西方选手的牌力和牌型,如果东方选手和西方选手具备较强的牌力和完整牌型,那么北方选手获得上游的可能性就比较小了。

一般牌力要求选手具备较高水平的组牌策略和出牌技巧,否则一般牌力常常变成了弱牌。一般牌力可能有两个炸弹和一些王牌、参谋和大牌组合,但缺点就是牌型分散、小牌较多，完整牌型也不够强大。一些选手经常错误地把一般牌力视为强牌，也想争上游，因此和对方强牌选手贸然交锋，容易掉进对方强牌选手布置的陷阱。结果在搭档需要牌力和牌型支持的关键时刻，执一般牌力牌的选手因过早消耗了可以获得出牌权的牌力和大牌牌型而无能为力。所以，执一般牌力牌的选手需要更加重视出牌手数和上手牌的计算，只看到手中的炸弹和王牌、参谋是远远不够的。

5. 牌力与牌型组合

牌力主要是指具有明确牌力分值的特定牌型组合，包括炸弹、王牌、参谋和优势牌型组合。比较完整的牌型组合是顺子、三带二、三连对和钢板等具有五张及六张数量的牌型组合。一般来说，完整牌型组合较多大大减少了出牌的手数和小牌的数量，也有利于选手尽快地出完手中的 27 张牌。

【案例 6】南方选手，双张参谋 88、AA、KKK55、QJ1098、99922、6666、3333 共 7 个牌型组合，虽然牌力

只有9点（两个炸弹和双张参谋），但是牌型组合比较完整，只需要7手牌就可以把牌出完。这是一般牌力的牌中比较有利的完整牌型组合。

需要注意的是，一些选手错误地认为案例6这副牌比较强，可以争上游。如果对手像案例1北方选手和案例2西方选手那样具有12点左右的强牌的实力，那么南方选手这副牌还有争上游的可能吗？所以，选手手中的牌是否具备较强的牌力，还要考虑到对手的牌力和牌型组合。

【案例7】东方选手，单张大王、AA、QQQQ、JJJJ、7777、10101022、99、65432，牌力为13点，牌型组合比较完整，只需要8手就可以出完牌。

将案例6南方选手的牌力和牌型组合与案例7东方选手的牌力和牌型组合比较一下，很容易看出谁更强，谁更有机会获得上游的位置。

【案例8】北方选手，大王、A、KKKK、Q、J、9999、8、777、65432、55、44、3、2共13个牌型组合，牌力为9点，但需要12手才能把牌出完。上手牌有3个。这是一般牌力的牌中比较分散的牌型组合，不利于选手较快出完手中的牌。

将案例8北方选手的牌力和牌型组合与案例6南方选手的牌力和牌型组合比较一下，立马能看出谁强谁弱。因此，北方选手在组牌阶段就应该确定自己为助攻角色，在出牌过程中通过观察搭档南方选手的牌力和牌型组合，积极支持其争取上游或者二游的位置。

弱牌的牌力只有6点及6点以下，即使牌型组合完整，也不可能拿到上游或者二游的位置。选手在组牌阶段只能定位助攻角色，在出牌过程中认真观察搭档的牌力和牌型组合，择机积极配合搭档拿到有利的上游或者二游的位置，避免双下的不利局面。

第三讲
打牌战略思维

打牌如同打仗，既需要一定的实力，又需要战略与战术。秦朝末年楚汉相争，一开始楚霸王项羽实力雄厚，打得刘邦的军队俯首称臣；后来通过军师张良的精心谋划和大将韩信的一系列战役胜利，逼得项羽拔剑自刎，输掉了战争。后人总结说，战略就是运筹帷幄、统筹谋划，战术就是组织实施、决胜千里。

1. 组牌战略

组牌是指每个选手在正式出牌之前对自己在一副牌中的战略定位以及牌力牌型的统筹安排。战略定位就是选手根据手中的牌力分值和牌型组合情况，确定自己在这副牌出牌活动中的主要角色,是主攻还是助攻角色。统筹安排就是根据角色定位来统筹思考和合理安排牌力的使用以及不同牌型的组合。例如,第二讲中案例7根据东方选手的牌力分值和牌型组合就可以确定他是主攻角色,在搭档的支持和配合下,力争拿到上游的位置。第二讲中案例8北方选手的牌力分值一般,牌型组合比较分散,担当主攻选手有些力不从心,拿到上游位置还是有较大的困难,只能定位自身为助攻角色,积极支持搭档南方选手打出优势牌型并力争上游。如果搭档牌力也一般,北方选手就可以积极争取搭档的支持和配合,力争拿到二游或者三游的位置,避免双下的不利局面。第二讲中案例6南方选手的牌力分值一般,虽然牌型组合比较完整,但只能定位自身为助攻角色,积极支持和配合搭档北方选手拿到上游的位置;当然如果对手东方和西方选手都牌力一般的话,南方选手也可以积极争取上游的位置。

2. 控制力与出牌权

控制力是指选手对出牌活动的控制能力,一般是指选手对其领牌出的牌型有较强的控制力，可以获得对该牌型的控制权。俗话说就是牌型能打也能收，或者说谁打谁负责。例如西方选手在下一圈牌领牌出双张或者三带二，说明他还有由大牌组成的双张或者三带二，能够把双张或者三带二牌型收回来。如果西方选手不能够收回他出牌的牌型，即不能够掌握对该牌型的控制权，说明他对该牌型缺乏控制力。又如西方选手领牌出双张99，然后用双张AA收回来，掌握了对双张牌型的控制权，同时也获得了下一圈牌的出牌权；再如西方选手领牌出三带二10101022，遇到对手大牌组成的三带二拦截或者阻击，他就用AAA55或者炸弹收回来，保持他对出牌活动的控制力，继续获得下一圈牌的出牌权。所以，控制力与出牌权紧密相连，如果一方选手对其领牌出的牌型能够最终拿到出牌权，就说明他的控制力很强，反之就说明他对该牌型的控制力较弱。一般情况下的跟牌和阻击不能反映一个选手的控制力。

3. 打牌三个阶段

根据一副牌的出牌过程我们将整个打牌活动划分为

开局、中场和收官三个阶段。如果按照数量把 27 张牌进行划分的话，开局阶段就是第 1 张牌到第 7 张牌，中场阶段就是第 8 张牌到第 17 张牌，收官阶段就是第 18 张牌到第 27 张牌。收官阶段从选手主动申报手中剩余 10 张牌算起。按照比赛规则，任何选手在手中剩余 10 张及 10 张以下数量的牌时必须主动申报。

4. 开局阶段

开局阶段的主要任务就是侦察敌情、适当展示牌力和了解搭档的牌力牌型情况。首先，本方选手要通过前几圈牌的出牌活动来侦察一下对手的牌力和优势牌型组合，看看对手的一方或者双方是否具有争上游的强牌牌力。其次，本方选手需要适当展示自己的强势牌力和优势牌型组合，以得到搭档的理解和支持。最后，通过观察搭档的出牌活动进一步了解搭档的牌力和牌型组合，从而与搭档合力拿到上游和二游的位置。

知彼知己，百战不殆。开局阶段的策略主要有以下几点。

首先，要了解对手的一方或双方的牌力情况和优势牌型。例如，对手上家北方选手在开局第一圈牌领牌出单张，一般表示他在单张上有控制权，就是说他可能有大王或者大王小王组合；如果第二圈牌对手上家北方选手还继续出单张，说明他的单张控制力很强，同时表示他的搭档南方选手单张控制力可能也比较强，所以单牌是他们双方的优势牌型；如果对手的一方在开局阶段第一圈牌领牌出双张，而且是小牌双张，就说明他的牌力较弱，没有大王或者对单张缺乏控制力，同时他希望搭档接过出牌权。如果对手的另一方在单张出牌过程中掌握了控制权；说明他的单张控制力也很强，可能有大王和小王组合；如果对手的另一方在单张掌握了控制权之后，领牌转换牌型出双张，说明他在双张上有较强的控制力，可能有两张以上参谋和AA组合牌型。一般来说，选手在开局第一圈牌领牌出单张，说明他的牌力较强，有争上游的战略意图，也是向搭档展示他的想法。特别是双下的一方第一圈牌领牌出单张，说明他的牌力很强，有信心对抗对手的单张控制力，有实力能够争上游。俗话说，"双下出单张，上游响当当"。

其次，本方选手需要适当展示自己的牌力和优势牌型。例如，在对手出单张过程中本方选手一开始就出大牌单张拦截，说明自己在单张上也有一定的控制力，可能有小王和两张以上参谋牌型组合；在对方选手转换牌型出双张时，本方选手一开始就出双张大牌拦截，说明本方选手在双张牌型上也有一定的控制力，可能有 AA 和 KK 组合。如果本方选手拥有强势牌力，一开始就可能用最大双张 AA 或者 KK 阻击对手的双张牌型，争取拿到控制权，在新一圈牌中领牌出本方的优势牌型。例如，出三带二或者顺子，在展示本方牌力与牌型的同时，也让搭档了解自己的实力和优势牌型，希望搭档在拿到出牌权之后领牌出自己需要的牌型。在开局阶段，本方选手和搭档之间沟通信息，了解互相的牌力和牌型是十分重要的。

最后，也是最重要的，就是在前几圈出牌过程中观察和了解搭档的牌力与牌型组合情况，同时也需要搭档了解自己的战略意图。如果搭档在第一圈牌和第二圈牌出牌活动中，只跟牌、不拦截或者阻击对手的牌型，说明他在对手出的牌型上缺乏控制力，可能没有这种牌型的大牌或者大牌组合。如果搭档主动拦截和阻击对手的牌型，并在拿到出牌权之后转换出自己的优势牌型，如三带二或者顺子，来展示他的牌力和牌型组合，就说明搭档有较强的牌力并希望本方能够了解他的战略意图，积极支持他当主攻争上游。如果本方选手牌力强，搭档牌力也强的话，争取一起努力拿到上游和二游的位置；如果本方选手牌力一般的话，而搭档牌力强，则优先支持搭档力争上游的位置。

第二讲中案例7东方选手的牌力和牌型组合就具备争上游的实力，而案例6南方选手和案例8北方选手的牌力与牌型组合就不具备争上游的实力，只能担当助攻的角色。所以，在前几圈出牌过程中，任何一方敢于主动拦截或者阻击对手的牌型，而且能够主动打出本方的优势牌型，就说明他有争上游的实力，或者说他有争上游的战略意图。

当然，强牌选手也可以采用示弱的出牌策略，上家出的牌型也是自己需要处理的牌型，比如单张小牌或双张小牌，强牌选手可以选择跟牌，同时也看看对门搭档的出牌情况。如果对门出大牌拦截或者阻击对手的牌型，则说明搭档的牌力较强；如果搭档也选择跟牌或者不出牌，说明搭档的牌力一般。

5. 中场阶段

在开局阶段，通过前几圈出牌活动中的领牌、跟牌、拦截、阻击和转换牌型等有关出牌信息，初步展示了本方选手或者对手的牌力与牌型组合情况，双方选手对自己搭档以及对手的牌力与牌型情况也有了一定的了解。在中场阶段，双方选手将凭借自己的实力和与搭档的积极配合，正式展开一系列的正面进攻与防守活动，直到其中一方选手成功压制和阻击对手的进攻，获得中场战役的胜利。中场交锋就是实力比拼，一切凭实力说话。

中场阶段的策略主要是进一步展示本方的实力，同时压制和阻击对手的进攻。中场阶段选手的主要任务就是一方面在出牌活动中主动消耗或者消灭对手的牌力，另一方面积极支持和配合搭档力争上游。如果本方是强势牌力和优势牌型，主要任务就是要主动压制和击败对手，在前进的过程中消耗或者消灭对手的主要牌力和优势牌型，为自己或者搭档争上游做充分的准备。如果本方选手是一般的牌力和牌型组合，主要任务就是支持和配合搭档，在搭档需要支援的关键时刻，通过炸弹或者优势牌型拿到出牌权，然后领牌打出搭档出过的优势牌型或者搭档需要处理的牌型，如双张、顺子或者三带二，让搭档顺利跟牌或者及时接牌，为搭档争上游做出积极的贡献。

通过中场交锋，拥有强势牌力和优势牌型组合的选手可能率先进入收官阶段，即手中的剩余牌数已经等于或者少于10张了。如果强牌选手手里还有一个大炸弹和一个完整牌型（如三带二、顺子或者三联对等），那么他距离上游位置只有一步之遥了。当然他还需要提防对手是否拥有更大威力的炸弹来阻击他冲刺上游的位置。

6. 收官与复牌

收官阶段就是双方选手最后的博弈阶段，看谁能够第一个出完牌并获得上游的位置，谁能够获得二游和三游的位置。下游就是最后一个出完牌的选手，或者当三游出完牌之后，手中还有剩余牌的选手。

复牌是指本方选手及其搭档在打完一副牌之后对该副牌进行回顾和总结的阶段，包括己方选手与对方选手的攻防情况，本方与搭档的配合情况，特别是点评哪些牌出得好，哪些牌出得不好，期望今后本方选手继续扬长避短，加强沟通与交流，不断改进和提高打牌的策略与技巧。

在复牌阶段，要对这副牌的输赢结局以及一些成功的战略与战术进行总结，同时对一些错误的打法或者本方与搭档沟通不够的地方进行反思。没有反思和总结，就没有改进和提高。掼蛋高手也是在打牌实战中不断总结经验和教训，不断完善和优化打牌策略与技巧练成的，既要坚持扬长避短，又要学会适应不同的搭档与对手。因此，复牌阶段也是打牌的一个重要的总结阶段。要成为一名掼蛋高手，必须学会复牌与总结，在身经百战中不断总结经验和教训，才能成为一名智勇双全的常胜将军。

第四讲 强牌上游策略

有人的地方就会有江湖，有江湖的地方就会有武功高手和一般剑客。不同的功夫身手，在比拼武艺中的作用就不一样。打掼蛋也像江湖上的武功比拼一样，强牌就是牌桌上的高手，要承担争抢上游的任务。

1. 强牌定义

强牌是指牌力分值在 12 点以上，而且牌型比较完整，一般包括两个以上炸弹和两个以上由大牌组成的完整牌型。强牌一般要求单张小牌不超过 3 张，或者单张小牌和双张小牌加起来不超过 5 个。因为单张小牌（牌值在 6 点以下）或者双张小牌（牌值在 6 点以下的双张）不能轻易通过跟牌方式出牌，一般只能由本方选手自己出牌，所以对本方选手的控制力牌型或者炸弹数量有更多的要求。

所以，强牌就是由强势牌型（炸弹）和优势牌型（大牌组成的完整牌型）的组合，缺一不可。强牌一般要求有两个以上的炸弹和两套以上的完整牌型。强牌就是有争取上游位置的实力。

【案例9】北方选手，双张大王，单张参谋8、AAA、KKQQJJ、9999、77、6666、55、444。牌力12点，两个炸弹，两套优势牌型组合（AAA55、KKQQJJ），出牌手数8个，上手牌5个（包括两个大王、两个炸弹和三同张AAA）。5个上手牌，只需要处理两个普通牌型单张参谋8和三带二（44477），大牌组成的KKQQJJ一般可以跟牌出去，即使单独出牌也是大牌。单张参谋8可以跟牌出去，实际上只有一个完整牌型三带二需要处理。北方选手争上游是比较容易的，对方选手出单张，跟牌单张参谋8或者直接大王上手，出一个三带二，然后用一个大三带二收回来。如果遇到对手炸弹上手出顺子牌型，北方选手可以直接用炸弹阻击。即使遇到对手强牌阻击，那也要看看对手的出牌手数和上手牌有多少个。

一般选手容易犯错的地方就是认为本方的牌力分值超过12点，牌型也比较完整，就可以轻松获得上游的位置。但是，如果炸弹级别不够大，虽然是完整牌型但不是由大牌组成的优势牌型，在争上游的过程中也会遭遇对手的顽强阻击。

【案例10】西方选手，单张小王、双张参谋88、AAA、K、QQ、J、10、99、7777、66、4444、2222。牌力14点，包括三个炸弹、三同张AAA和双张参谋88，出牌手数11个（四个单张、三个双张、一个三带二和三个炸弹），上手牌有5个（包括三个炸弹、双张参谋88和三同张AAA）。如果选手组成一个顺子KQJ109，多出单张Q和9，出牌手数变成9个；如果双张参谋88分开出牌，就会多出1手牌，出牌手数变成10个。需要处理的两个单张Q和9，单张Q希望能跟牌出去。

♠【思考题3】案例9北方选手和案例10西方选手，谁有可能获得上游的位置？

◆【思考题3参考答案】

从牌力和牌型分布来说，案例10西方选手获得上游的可能性大一些。如果北方选手出单张，西方选手跟牌出单张Q和单张小王，如果北方选手出三带二，西方选手出三同张AAA就可以获得出牌权，然后出顺子，北方选手只能出炸弹上手。北方选手出三连对KKQQJJ，西方选手出炸弹阻击，然后出单张9，北方选手出大王，西方选手出炸弹阻击，然后打出双张参谋88，逼出北方选手第二个炸弹。因此，案例10西方选手牌力更强，牌型也比较完整，更有可能获得上游位置。

所谓天外有天，人外有人，强牌选手会经常遇到更强的对手。因此争上游的道路不会是一帆风顺的，强牌选手需要提前考虑到可能出现的各种复杂情况及应对措施。如果选手把争上游的事想简单了，很可能一招不慎全盘皆输。总的要求是要想到最困难，应对要圆满。

2. 常见强牌牌型

常见的强牌牌型主要有：两个炸弹和优势牌型、三个炸弹和优势牌型、四个炸弹和完整牌型。可以看出，强牌一是要有炸弹，二是要有优势牌型，关键时刻就可以获得出牌权。

【案例11】南方选手，单张大王、单张小王、双张参谋88、AAA、KKKQQQ、JJJJ、9999、777、66、5。牌力12点，包括大王1点、双张参谋1点、三同张AAA1点、KKKQQQ1点以及JJJJ和9999两个炸弹8点。出牌手数9个，包括三个单张、一个双张、一个三同张、一个三带二、一个钢板和两个炸弹。上手牌有6个，包括单张大王、双张参谋、三同张AAA、钢板KKKQQQ和两个炸弹。需要处理的弱牌只有一个单张5和一个三同张777，单张小王和双张参谋可以跟牌出去。

【案例12】东方选手，单张大王、单张参谋8、AAA、KK、QQQQ、10101010、777、66、5、4444、33。牌力14点，单张大王1点、三同张AAA 1点和三个炸弹12点。出牌手数九个，包括三个单张、两个三带二、一个双张、三个炸弹。上手牌有五个，包括单张大王、三同张AAA和三个炸弹。选手需要处理的有四手牌，单张

5和参谋8,一个双张KK,一个三带二77766。如果单张参谋8和双张KK能够正常跟牌出去,实际需要领牌出的只有单张5和一个三带二77766。

【案例13】北方选手,双张小王、双张参谋88、KQJ109、7777、6666、554433、2222。牌力14点,包括双张小王1点和双张参谋1点以及三个炸弹12点。出牌手数七个,包括两个双张、一个顺子、一个三连对和三个炸弹。上手牌有五个,包括双张小王和双张参谋以及三个炸弹。选手需要处理的牌型有两个,三连对和顺子。如果顺子能够跟牌出去,那么需要处理的弱牌只有一个三连对。

♠【思考题4】案例11南方选手、案例12东方选手和案例13北方选手,哪个选手更强,哪个选手更有可能争上游?

◆【思考题4参考答案】

综合比较,案例12东方选手牌力是强牌,有三个炸弹,而且炸弹比案例11南方选手的炸弹大,牌型比较完整,有两个三带一,只有一个单张5需要处理,最有可能获得上游的位置。南方选手出单张,东方选手跟牌单张参谋8。如果南方选手大王阻击,东方选手炸弹盖压大王,上手出单张5,然后大王收回出牌权。如果南方选手上手出三带二,东方选手出AAA阻击。总之,东方选手的炸弹比南方选手多一个,而且炸弹也比南方选手的炸弹大。

案例13北方选手的牌力和牌型也比案例11南方选手强,如果南方选手出单张,北方选手出单张参谋顶出南方选手单张大王,南方选手出三带二,北方选手可以出炸弹压制,然后出三连对逼南方选手出炸弹。如果南方选手不出炸弹,北方选手接着出顺子还是逼南方选手出炸弹。北方选手牌力14点,属于强牌,而南方选手牌力12点,也属于强牌。北方选手牌力比南方选手的牌力多2点,主要是多一个炸弹,所以在关键时刻炸弹可以发挥决定性的作用。

【案例14】西方选手,单张小王、单张参谋8、AA、QQQQ、JJJJ、101010、9999、4444、33、22。牌力16点,包括四个炸弹。出牌手数有九个,两个单张、两个双张、一个三带二和四个炸弹。上手牌有四个,即四个炸弹。需要处理的弱牌只有一个双张和一个三带二，三带二带走一个双张，双张 AA 可以跟牌出去。单张小王和单张 8 可以跟牌出去。如果把三个双张组成 AA2233 三连对，出牌手数变成 7，只有一个三同张 101010 需要处理。

【案例 15】南方选手，单张小王、AAAA、KKKK、QQQ、9999、7777、65432、22。牌力 16 点，包括四个炸弹。出牌手数有七个，上手牌有四个。需要处理的弱牌只有一个顺子，单张小王和 QQQ22 可以跟牌出去。

案例 14 和案例 15 是强牌中的强牌，我们称之为超强牌。超强牌一般有四个及以上炸弹，牌型比较完整，出牌手数不超过八个。

【案例 16】东方选手，单张参谋 8、KK、Q、JJ、1010、9999、7777、6、5555、4、3333、2。牌力 16 点，有四个炸弹。出牌手数有 12 个，包括五个单张、三个双张和四个炸弹。上手牌有四个，即四个炸弹。这个牌力比较强，但是牌型分散，出牌手数太多，缺乏完整牌型，争上游还是有困难的，所以至多算强牌，不能作为超强牌。如果跟案例 14 和案例 15 相比，案例 16 就不能算是超强牌了。

所以，强牌不仅要求牌力分值高，炸弹多，而且要求牌型完整，出牌手数一般不超过九个，超强牌出牌手数不超过八个。强牌选手一定还要计算上手牌有多少个，需要处理的弱牌牌型有几个。例如，案例16牌力16点，有四个炸弹，但是需要处理的弱牌牌型有三个单张（6、4、2）和2个双张（1010、JJ），即单张参谋、单张Q和双张KK能够顺利跟牌出去。只有四个上手牌，需要处理的弱牌却有五个。案例14和案例15上手牌都有四个，而需要处理的弱牌牌型只有一个或者两个。

总之，强牌包括牌力分值高、牌型完整和出牌手数少三个重要因素，缺一不可。牌力强不能简单地看手中炸弹的数量，还要看牌型是否完整，以及出牌手数的多少。强牌选手能否顺利拿到上游的位置，还要参考上手牌的数量以及需要处理的弱牌牌型的多少。

3. 超强牌牌型组合

超强牌就是牌力分值在16点以上的特殊强牌牌型。虽然超强牌出现的概率较小，但是作为强牌选手还是要考虑到对手可能拥有这种小概率的超强牌。如果把两张♥参谋考虑进来,那么对手拿到超强牌的概率就增加了。

【案例17】北方选手,单张小王、单张参谋8、KK、JJJJ、9999、7777、666、同花顺5432(一色♣加♥参谋8)、5、22。牌力16点,三个四同张炸弹和一个同花顺炸弹。出牌手数为九,上手牌有四个。需要处理的弱牌有一个单张5和一个三带二66622,其他单张小王、单张参谋8和双张KK可以跟牌出去。

【案例18】南方选手,单张小王、单张参谋8、KKK、QQQQ、10101010、9999、同花顺7654(一色♦加♥参谋8)、333、22。牌力16点,三个四同张炸弹和一个同花顺炸弹。出牌手数为八,上手牌有四个。需要处理的弱牌只有一个三同张333,单张小王、单张参谋8和三同张KKK可以跟牌出去。

♠【思考题5】案例17北方选手和案例18南方选手中,请问哪位选手牌力和牌型更强,谁更有可能争上游?

◆【思考题5参考答案】

通过比较分析,案例18南方选手牌力和案例17北方

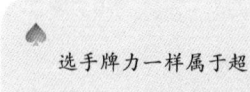

选手牌力一样属于超强牌，南方选手出牌手数比北方选手少1个，而且南方选手的炸弹比北方选手的炸弹大。北方选手出单张，南方选手可以跟出单张参谋8或者小王，北方选手出三带二，南方选手出KKK阻击。北方选手出炸弹，南方选手可以出大炸弹盖压，最后南方选手的同花顺炸弹也比北方选手的同花顺炸弹大。因此，南方选手的牌型比北方选手的牌型强，南方选手的炸弹也比北方选手的炸弹大，所以，案例18南方选手更有可能获得上游的位置。

4. 强牌上游策略

通过以上对强牌的定义和案例介绍，我们发现强牌就是拥有强势牌力和优势牌型组合，且单张小牌和双张小牌较少。当然，在正式的比赛中选手们经常会遇到更为复杂的强牌牌型，可能有更多的单张和双张小牌需要处理。

强牌选手的首要任务是思考如何力争上游，同时要考虑到对方选手也可能拥有强牌牌力或者超强牌牌力。怎么办？这里有以下三个建议供强牌选手参考。

第一，首先要侦察对方选手的牌力和牌型。强牌选手争取在开局阶段了解对手的牌力和牌型情况，并根据对手的牌力和牌型情况研究制订本方的争上游方案。

第二，要积极争取搭档的支持和配合。强牌选手在开局阶段尽可能了解搭档的牌力和牌型情况，特别是在中场交战阶段观察搭档的实力与配合情况。如果能够得到搭档的大力支持和有效配合，就坚定争上游的决心和信心。如果同伴的反应比较迟缓或者不敏感，说明搭档的牌力较弱，至少在中场交战时不能对搭档寄予厚望。如果搭档的牌力也强，而对手牌力一般，本方选手和搭档争取达成共识，努力实现获得上游和二游的双升目标。

第三，要审时度势，为收官阶段做准备。根据中场交战的有利和不利情况，要及时对敌我双方牌力和牌型的情况进行分析，争取在收官阶段赢得最后的胜利。如果对手牌力超强，本方选手就要争取避免双下的局面。如果对手牌力超强，搭档牌力也强的话，本方选手就要优先支持搭档争上游。如果中场阶段交战和对手一时难以分出胜负的话，强牌选手就要适当预留一些牌力和牌型，作为收官阶段争上游的本钱。

因此，强牌选手不仅要敢于亮剑，还要善于亮剑，抢先于对手在第一时间拿到上游的位置。争上游俗称跑得快，强牌选手在争上游的前进道路上就是跟对手比力度、比速度，不能有丝毫的犹豫不决和心慈手软。

5. 超强牌上游策略

超强牌的特点是炸弹多、出牌手数少（一般少于9手牌），或者炸弹大、出牌手数少。如果炸弹多，出牌手数也多，说明完整牌型少，就不能算是超强牌力。案例16东方选手的牌力和牌型，虽然有四个炸弹，但是牌型分散，出牌手数较多，就不算是超强牌。

拿到超强牌的选手一般都会把争上游的目标放在首要位置。凭实力拿到上游位置是完全可能的，但是也有例外情况。超强牌的选手不仅需要保持冷静，还需要侦察对手的牌力牌型情况以及搭档的牌力牌型情况。所以，超强牌选手的主要策略是在争上游的过程中消灭对手的有生力量，同时积极支持和配合搭档顺利摆脱对方选手的阻击与压制，争取获得上游和二游的有利局面。

如果是双下的一方拿到超强牌，该选手就要高度重视对手的牌力和牌型情况，同时对搭档的期望要降低，因为对手掌握了进贡的大王、小王或者参谋牌优势，对单张和双张的控制力就会比较强。如果超强牌下游选手拥有三张或者以上的单张小牌和双张小牌，那么争上游的难度就更大了。

超强牌选手在开局阶段要保持冷静，不要轻易暴露自己争上游的战略意图，而是通过正常跟牌或者不出牌来示弱，也就是麻痹敌人，让对手对自己放松警惕。在开局阶段，超强牌选手尽量通过上家的出牌把自己的单张小牌或者双张小牌跟出去，如果小牌或一般牌（包括78910）不能完全跟出去的话，可以适当抛出小炸弹来上手主动出小牌，同时测试对手的火力分布情况。如果对手选择不出，说明对手炸弹不多。如果对手用大的炸弹盖压，不让本方选手获得出牌权，说明对手的牌力比较强，炸弹可能也比较多。

如果在开局阶段没有顺利处理好单张小牌或者双张

小牌的话,那么超强牌选手需要耐心地等待有利时机,争取在中场阶段通过抛出炸弹来获得出牌权。如果搭档在中场阶段能够主动支援自己,转换出自己持有的牌型,那就更有利于争上游了。超强牌选手一定要把炸弹用好,争取用炸弹多消耗对手牌力,不能把两个炸弹留在最后用不完导致空放炸弹。当然可留一个炸弹断后,是为了给搭档借风。

第五讲
配合搭档策略

单人游戏和双人游戏不仅规则不一样,而且战略和战术也不一样。单打比的是一个选手的独立自主又比较全面的竞技能力,而双打比的不仅是每个选手的竞技能力,而且考验两个选手的共同作战能力与相互配合能力。以前参加单位组织的内部职工运动会,就有双人绑腿跑比赛项目,同事之间自由组合,主要看两个人之间的协调性和配合能力。打掼蛋与双人绑腿跑有异曲同工之处。

1. 全程配合搭档

掼蛋是双打,是南北方或者东西方两个选手共同合作来赢得比赛的。因此,每一个选手都要记住搭档的存在并且要全过程关注搭档，否则自己就变成单打选手了。初级选手往往只看自己手中的牌，以为打好自己手中的牌就可以了，但好汉难敌四手，一个单打选手是很难同时应付对方的两个选手。所以，要想成为一名掼蛋高手，首先要记住搭档的存在，并且和搭档并肩战斗，才能赢得比赛的胜利。全过程配合搭档，就是要求选手在开局阶段认真观察搭档的牌力和牌型情况，在中场阶段优先支持搭档争上游，在收官阶段积极配合搭档突出重围。

2. 优先支持搭档争上游

要树立搭档优先的原则，就是时刻想着搭档，始终支持和配合搭档争上游。如何支持配合搭档，参照以下三种情况。

第一种情况，全力支持搭档争上游。如果在开局阶段发现搭档具有争上游的强势牌力和优势牌型，那么本方选手就要在中场阶段全力支持搭档击败对手。如果本方手牌力也强的话，在支持搭档争上游的前提下，争取拿到二游的位置，获得双升的良好局面。

第二种情况，努力支持搭档摆脱下游的位置。如果发现搭档的牌力和牌型一般，本方选手争取在中场阶段支持同伴，在收官阶段配合搭档摆脱对手的压制。就是说本方选手在不能力争上游的情况下，积极配合同搭档取得二游或者三游的位置，争取把下游位置留给对手。如果对方一名选手的牌力很强，只能选择放走牌力强的一家，打压牌力一般或者较弱的一家，配合搭档拿到二游或者三游的位置。

第三种情况，本方选手拥有强牌实力，努力争取上游的位置。本方选手拥有强势牌力和优势牌型，但在开局阶段发现搭档的牌力和牌型一般，那么就要主动传递信号，让搭档了解和支持自己争取上游的位置。争上游是硬道理，不能因为顾及搭档而失去争上游的机会。如果本方选手拥有强牌实力并取得了上游的位置，即使搭档被对方选手联合打成了下游，本方选手和搭档也获得了升一级的机会。

3. 估算搭档牌力与牌型

如何估算搭档的牌力与牌型，是掼蛋选手必须思考的重要问题。如果不了解搭档的牌力与牌型，就无法支持和配合搭档争上游。所以在打牌全过程都要记住并分析搭档的出牌信息，力争比较全面和准确地估算搭档的牌力与牌型。

开局阶段是了解搭档出牌信息的一个重要的时间窗口。如果搭档是下游，他会在开局阶段第一圈牌率先出牌。无论出什么牌型，任何一方选手在第一圈中率先出牌都是展示自己的牌力和牌型信号，是观察搭档和对手的重要时机。如果搭档领牌出单张小牌，说明可能有以下几层意思：①搭档单张上有多张参谋和大牌，如果他进贡对手大王，说明他手中可能有小王；②开局领牌出单张一般表示他有争上游的想法，说明他的牌力较强；③搭档出单张说明他手中单张牌可能超过三张，不得不提前处理；④搭档出单张说明他手里可能有双张或者三带二，希望本方选手获得出牌权之后转换出双张或者三带二牌型。

如果搭档第一圈领牌出双张，而且是小牌双张，说明他的牌力一般或者牌力较弱，希望本方选手有机会上手接着出牌。俗话说，"情况不明，对子（双张）先行"。

搭档领牌出双张，也可能是单牌少而双张多，而且双张有控制力，打出自己的牌型信号，希望本方选手上手后再出双张牌型。

如果搭档第一圈领牌出顺子或者三带二，说明他可能还有一套大牌组成的顺子或者三带二牌型，而且说明他在单张和双张牌型上缺乏控制力，所以不敢出单张或者双张。如果搭档能够顺利收回出的顺子和三带二牌型，说明他的牌力较强，如果不能收回，说明他的牌力较弱。

中场阶段是了解搭档牌力和牌型信息最重要的时间窗口。通过开局阶段初步判断搭档是强势牌力还是一般牌力。如果搭档具有较强牌力，中场阶段他就会选择主动进攻，通过获得出牌权来打出具备优势的完整牌型或其他牌型。同时搭档也是希望本方选手了解他的牌力和牌型之后，积极支持他争上游的位置。如果搭档具有超强牌力，并且能够独自对付对手的拦截和阻击，他就可能较早地使用炸弹来开路前进，勇往直前。如果搭档具有强牌实力，但是在中场遭遇到对手的强力拦截和阻击，那么他会希望本方选手择机出手支援，帮助他摆脱对手的火力压制。

收官阶段是确认和分析搭档牌力和牌型的最后时间窗口。如果搭档在中场已经杀得对手落花流水，那么说明搭档实力超强，不仅炸弹多而且优势牌型多。如果搭档领先对手进入了收官阶段，即主动申报手中最后10张牌，说明搭档手中的牌力和牌型已经具备获得上游的条件了，比如手中剩余一个同花顺炸弹带一个完整牌型。如果搭档在收官阶段迟迟没有冲刺上游，说明他手里还有需要处理的牌型，或者他在观察对手是否还有更大威力的炸弹。在收官阶段，本方选手可以根据搭档手里剩余牌的数量，来判断搭档手里的牌型分布情况，择机打出搭档需要的牌型去支援他争上游。例如搭档手里剩余9张牌，初步判断是一个四同张炸弹加一个五张顺子或者三带二，或者是522牌型组合，即一个五同张炸弹（或者同花顺炸弹）加两个双张牌型，本方选手可以试着出双张或者三带二牌型去支援搭档。如果搭档中场使用过大牌组成的四同张炸弹或者同花顺炸弹，说明他手里还有一个更大的五同张炸弹或者更大的同花顺炸弹，那么他手中剩余9张牌是522牌型组合的概率较大。

4. 大胆设想，谨慎求证

无论我们怎么重视搭档和观察搭档，也只能了解搭档牌力和牌型的一部分，这就像是盲人摸象，只了解一个局部或一些零散的信息，不可能是搭档全部的或者完整的信息。因此，一方面我们要对搭档的信息进行比较全面的观察和分析，不能以偏概全、偏听偏信；另一方面又要求我们不能被局部的或者零散的信息难住，要善于根据对方选手的出牌信息来综合分析，进一步判断搭档手中的牌力和牌型。在中场阶段，如果搭档展示出他想争上游的意图，那么本方选手就要分析和判断搭档手中的综合牌力和优势牌型。例如搭档领牌出过三带二或者顺子，但是被对手大牌组合拦截或者阻击（封顶）了，那么本方选手就要择机拿到出牌权，传递搭档需要的三带二或者顺子牌型。如果搭档上手出过双张，也被对手大牌拦截或者阻击，本方选手就要考虑出双张救援搭档。当然这些都是搭档比较明显的出牌信息，还要观察搭档没有展示的其他牌型信息。

如果搭档除了领牌出过单张小牌之后，就是一直跟着对手出单张或者出双张，或者出了小炸弹也没有拿到出牌权，没有机会进一步展示他的其他牌型信息。这个时候就需要本方选手来分析和设想搭档手中可能有的牌型分布，同时要根据本方选手的牌型来实施支援行动。例如本方选手手中有两套三带二或者两套顺子，其中有一套大牌三带二或者大牌顺子，就可以试着出三带二或者顺子去支援同伴，即使遇到对手拦截或者同伴没有顺利接牌，自己也能通过大牌三带二或者顺子收回来。在没有明确判断搭档牌型的情况下，不能轻易出自己没有控制力的牌型，不能让支援行动因为受到对手的阻击而半途而废。所以说，要大胆设想，谨慎求证。

5. 放弃搭档，冲出重围

在中场阶段，本方选手尝试支援搭档的努力都没有获得搭档的积极响应，或者做出支援搭档的行动被对方选手阻击，而搭档也没有主动配合获得出牌权，说明搭档的牌力和牌型可能没有自己想象的那么强，所以本方选手就要重新考虑是否继续支援搭档。此时此刻，如果对方选手还没有拿到上游的位置，而本方选手的牌力和牌型仍然具有争上游的可能性，那么本方选手就要选择放弃支援搭档，确定自己作为主攻选手，努力去争上游的位置。如果搭档的定位恰好是助攻角色，此时能够得到搭档的积极配合和支持，那当然是更好地选择。

如果此时对方选手已经拿到了上游的位置，本方选手在收官阶段仍然要继续支持和配合搭档冲出重围。在收官阶段如果对方的另一名选手还保持着一定的控制力和优势牌型，而搭档也无力自救的情况下，为了不成为双下的局面，本方选手要选择放弃搭档，自己拼命杀出一条血路，争取获得二游的位置。舍弃搭档，本方选手是为了在下一副牌中获得较为有利的位置，即不需要进贡对手，可以保留手中的王牌优势。

第六讲
弱牌出牌策略

自然界崇尚森林法则，强者为王。狮子和老虎之所以成为百兽之王，主要依靠的是它们搏斗的实力和统治的智力。物竞天择、适者生存，弱者也有他的生存之道，只要能存活下来的就不一定永远是弱者。

1. 弱牌定义

弱牌就是牌力分值不超过6点，至多有一个炸弹，其他牌型分布一般。

【案例19】南方选手，单张小王、双张参谋88、A、K、QQ、J、1010、999、7777、666、55、4、3、222。牌力5点，牌型分散，小牌较多。除了炸弹和双张参谋88以外，南方选手就再没有获得出牌权的机会了。

【案例20】西方选手，单张大王、单张小王、单张参谋8、AAA、K、QQ、J、1010、9999、77、666、55、4、333。牌力6点，大王、三同张AAA和一个炸弹，其他牌型比较分散，出牌手数13。

♠【思考题6】看看上述两个案例的牌力和牌型，请问他们能够拿到什么名次的位置，三游还是下游？

◆【思考题6参考答案】

案例20西方选手有机会获得三游的位置，如果搭档牌力是强牌，西方选手组成三个三带二牌型，容易摆脱对手阻击拿到三游的位置。

案例19南方选手因为牌力较弱，而且牌型特别分散，小牌单张和双张较多，很难获得三游的位置。所以南方选手只能择机支持搭档拿到上游或者二游的位置，避免双下的不利局面。

2. 弱牌常见牌型

弱牌牌型可以划分为有炸弹弱牌和无炸弹弱牌两种牌型。先看看无炸弹弱牌牌型案例。

【案例21】东方选手,双张小王、双张参谋88、AAA、K、Q、JJ、1010、99、77、666、555、4、3、22。牌力3点,包括双张小王、双张参谋88和三同张AAA,牌型分散,小牌较多。这副牌出牌手数10个,上手牌3个,几乎没有进攻能力,如果没有搭档强有力的支援,基本上就是下游了。东方选手对搭档的支持力度也一般,打牌定位只能是助攻,而且是择机出牌支援搭档,因为可能只有一次或者两次的出牌权。

【案例22】北方选手,单张大王、双张小王、双张参谋88、AAA、K、QQ、JJ、101010、99、77、66、44、3、22。牌力4点,包括单张大王、双张小王、双张参谋和三同张AAA,牌型分散,小牌较多。北方选手虽然在单张、双张和三同张等牌型有较强的控制力,但是牌型比较散乱,小牌较多,出牌手数12个,上手牌只有4个,如果能够获得三游位置,就是万幸了。但是这副牌在单张、双张和三带二上有一定的控制力，所以在支持搭档的牌型分布上有一定的优势。如果搭档需要顺子牌型，本方选手可以拆牌组成顺子支援搭档。所以，这副牌的定位就是助攻，在搭档需要的时候打出单张、双张或者三带二牌型。

再看看有炸弹弱牌牌型。

【案例 23】南方选手，单张大王、单张小王、单张参谋 8、AAA、KK、Q、J、1010、999、77、6666、55、4、33、2。牌力 6 点，包括单张大王、三同张 AAA 和一个炸弹，但是牌型分散，小牌较多。如果搭档拥有强势牌力和优势牌型，南方选手或许能够避免下游的结局。如果搭档拥有一般牌力和牌型，那么这副牌只能全力以赴支持搭档前进，在双张和三带二牌型方面可以支援同伴。所以，这样的弱牌牌型基本上没有进攻能力，只能根据搭档的牌力和牌型来决定自己是三游还是下游的结局。

3. 弱牌策略

根据上述五个弱牌案例，不难看出弱牌的结局是十分悲惨的。因此，持有弱牌的选手千万不要对自己的结局抱有幻想，千万不要因定位错误而丧失全力支持搭档前进的时机。

首先，弱牌选手的首要策略就是担当助攻角色，而且在组牌阶段和组牌思维上要明确自己是助攻角色，不能有丝毫的犹豫和不切实际的幻想。所以弱牌选手在牌型分布上尽量保持多种牌型组合，包括双张、三带二、顺子等，一切围绕搭档潜在的牌型需要来安排。

其次，弱牌选手配合搭档的策略是见机行事，必须在了解和明确搭档需要的牌型的基础上，择机出牌支持搭档。就是说弱牌的牌力有限，可能只有一次或者两次的出牌权，如果轻易出大牌或者炸弹，很可能在搭档真正需要支持的时候，没有实力拿到出牌权，最终失去了支持搭档进攻的宝贵时机。好钢要用在刀刃上，弱牌选手一定要保持冷静和认真观察，不要轻易出手。只有在摸清搭档的牌力和牌型分布的基础上，同时要充分考虑对方选手的牌力和牌型，还要考虑可能被对方选手拦截或者阻击，保证在必要和关键的时刻亮剑，保证支援搭档的行动获得成功。所以，弱牌选手在开局阶段只能选择跟牌或者顺牌，一般不要轻易出王牌或者炸弹过早地获得出牌权。弱牌选手支持搭档的行动一般在中场阶段或收官阶段进行。

最后，弱牌选手的策略争取在收官阶段发挥一定的作用。就是说搭档和对方选手在中场阶段拼杀十分激烈，弱牌选手因为牌力有限而无法压制对方的火力，也无法直接去支援搭档，只能保持按兵不动。或者弱牌选手在中场阶段仍然无法判断搭档的牌力和牌型分布，不敢轻易出手支援，只能保持实力等待收官阶段。如果中场阶段搭档和对方选手拼命厮杀，双方选手都消耗了大部分的牌力和优势牌型，那么在收官阶段，弱牌选手就可以在判断搭档手中剩余牌数、牌力和牌型的基础上，通过炸弹或者优势牌型取得出牌权，及时打出搭档需要的牌型，支持搭档争上游；或者在对方选手已经拿到上游的情况下，帮助搭档突出包围，拿到二游的位置，避免双下的不利局面。

4. 弱牌出牌技巧

弱牌选手的出牌技巧要服从弱牌的定位和策略，就是说要服从支持和配合搭档争上游的需要。所以，弱牌选手的出牌策略就是没有自己的战略意图，也没有展示自己牌力和牌型的必要。

当然，弱牌在出牌过程中还是需要注意以下几个方面的问题，适当了解一下出牌技巧。

第一，因为牌力有限，弱牌选手在开局阶段就是只跟牌或者顺牌，不出大牌拦截或者阻击对手，保存好有限的牌力。

第二，在中场阶段，弱牌选手不接搭档出的牌型。对方选手出的牌可以跟牌，但是搭档出的牌型不能顺牌，更不能接搭档出的完整牌型，比如顺子或者三带二，因为顺牌和接牌可能阻挡搭档需要通过的一般牌型或者搭档需要收回的大牌组合。不顺牌，弱牌选手就可以保留搭档出过的牌型，在关键时刻把搭档需要的牌型传递给搭档，达到支援和配合搭档的目的。因此，要记住或者判断搭档需要的牌型，保留一些必要的牌型，最好是小牌牌型，这样才能在关键时刻作为桥给搭档传递过去。

第三，在收官阶段，弱牌选手选择优先支持搭档争上游或者突出重围，而不能想着自己突围。可以说弱牌的定位就是牺牲自己，支持搭档。牺牲自己成全搭档，一些初级选手很难做到。当然，即使牺牲自己，支持搭档，也是要选择场合和机会的，因此不能在开局阶段就盲目牺牲自己的牌力，或者在中场阶段没有摸清搭档的牌力和牌型情况下就贸然牺牲自己的牌力，都是不值得的。

5. 死亡牌型组合

弱牌因为牌力有限和牌型分散经常会陷入难以自救的处境，即使搭档有意支援，有时候因牌型分散和小牌较多，弱牌选手也无法顺利跟随搭档一起撤退，以上这两种情况都称为弱牌的死亡牌型组合。例如，收官阶段弱牌选手只剩余单张大王、单张 3 和单张 2，7777、33 和 22，同花顺 98765、3 和 22，这都是一个大牌带两个小牌的死亡牌型组合。

死亡牌型组合可以划分为有控制力牌型和无控制力牌型。有控制力牌型包括单张大王或者小王（收官阶段大王出完了）、双张参谋、三同张 AAA 等牌型，如单张小王、3 和 4，双张参谋 88、33 和 2，炸弹 5555、3 和 222，

AAA、4 和 3 等牌型组合。拿到有控制力的死亡牌型组合，还有最后一次拼死支援搭档的机会。

无控制力的死亡牌型就是没有能够获得一次出牌权的炸弹、王牌、参谋和优势牌型。如牌型组合 Q、76543、22，K、77、44、3，J、10、555、33 等。拿到上述无控制力的死亡牌型，救无可救，只能当下游。

同理，可以把死亡牌型组合扩大到中场阶段的情景，就是说在中场阶段有些弱牌已经成为死亡牌型组合了，因为弱牌选手手中已没有炸弹或者大牌组合了。一些初级选手往往在开局阶段就把有限的牌力打光了，还有一些初级选手在中场阶段为支持搭档也把牌力打光了，所以等待他们的只有下游的结局。

第七讲
一般牌力战法

牌如人生，一个选手不可能总有一把好牌，也不可能总是烂牌。不好不坏的牌是常态，把平淡无奇的牌打得有声有色、高低起伏，才是真正的高手。

1. 一般牌力定义

一般牌力是指牌力分值在 7 点到 11 点的牌型，是次于强牌和优于弱牌的一种中等牌力牌型。

【案例 24】南方选手，单张大王、单张小王、双张参谋 88、AAA、K、QQQ、J、1010、99、7777、65432、22。牌力 7 点、牌型还算完整。出牌手数 10，上手牌有 4 个，包括大王、双张参谋 88、三同张 AAA 和一个炸弹。

【案例25】西方选手，单张小王、双张参谋88、AA、KK、Q、J、101010、9999、77、66、5555、4、3、2。牌力9点，但是牌型分散、小牌较多。出牌手数11，上手牌四个，包括两个炸弹和双张参谋88与顺子AKQJ10。

【案例26】北方选手，单张大王、双张参谋88、AAA、KK、QQ、J、1010、9999、77、66、5555、4、3。牌力11点，牌型分散、小牌较多。出牌手数11，上手牌有五个，包括大王、双张参谋88、三同张AAA和两个炸弹。

如果搭档是强势牌力和优势牌型，一般牌力选手可以借助搭档的支持和配合，拿到更好的位置。如果搭档是弱牌牌力，一般牌力的选手只能自力更生了。如果搭档也是一般牌力，就要看看谁的牌型更具有优势和控制力，双方争取达成共识，集中优势兵力支持一方争取上游或者二游。一般情况下本方选手优先支持搭档先走。

2. 常见牌型组合

根据牌力大小和牌型优劣，一般牌力的常见牌型组合可以划分为以下几种情况：有一个炸弹和优势牌型、有两个炸弹和优势牌型、有两个炸弹和分散牌型、有三个炸弹和分散牌型四种组合情况。

第一种牌型组合，一个炸弹和优势牌型。

【案例27】南方选手，单张大王、单张小王、双张参谋88、AA、KK、QQ、JJ、1010、9、777、66、5555、44、3。牌力7点，牌型比较完整，有优势牌型，小牌不多于三张。出牌手数11，上手牌有四个，包括大王、双张参谋88、AKQJ10顺子和一个炸弹。

这副牌的定位就是助攻，不能有争上游的想法，因为炸弹较少。如果本方选手觉得自己牌力和牌型还不错，或许有可能争上游，那么他在定位和策略上就犯错了。如果对方选手的一方拥有强势牌力和优势牌型，本方选手就没有机会争上游，还可能在中场阶段就被对方选手扼杀。

第二种牌型组合，两个炸弹和优势牌型。

【案例28】西方选手，单张小王、单张参谋8、AAA、KK、QQ、J、1010、9999、77、6、5555、44、33。牌力9点，有优势牌型，小牌不多。出牌手数12，上手牌有三个。

这副牌的定位还是助攻，因为炸弹较少，炸弹级别也比较小，单张和双张都缺乏有控制力的牌型。如果搭档是强势牌力和优势牌型，策略上首要支持搭档争上游。如果搭档是一般牌力和优势牌型，在对方选手拥有强势牌力和优势牌型的情况下，应该优先支持搭档获得二游的位置，避免双下的局面。

第三种牌型组合，两个炸弹和分散牌型。

【案例29】北方选手，单张大王、单张参谋8、AA、KK、Q、J、1010、9999、77、66、5、4444、33、22。牌力9点，牌型分散，小牌较多。出牌手数12（包括AA2233组合），上手牌有三个，单张大王和两个炸弹。

这副牌只能有一个定位，就是全力支持搭档获得更好的位置。因为只有单张大王和两个炸弹，即只有两次或者三次出牌权，所以选手要保持冷静，尽量在摸清搭档牌力和牌型的情况下，择机出手支援。如果贸然开火，就可能落入对方强牌选手布置的陷阱中。根据搭档需要的牌型，可以出双张支援搭档，也可以出AA2233。

第四种牌型组合，三个炸弹和分散牌型。

【案例30】东方选手，单张小王、单张参谋8、A、KK、Q、J、1010、9999、77、6、5555、4、33、2222。牌力12点，牌型分散，小牌较多。出牌手数12，上手牌有三个，即三个炸弹。三个炸弹可能获得两次或者三次出牌权，不具备争上游的牌型组合。

所以，把这种具有强势牌力但不具备完整牌型的组合视为一般牌力处理。就是说牌型分散或者小牌较多，计算牌力时选手是要减少牌力分值的。不能只看到一副牌的优势，比如炸弹多，而忽视了它的劣势与不足（比如小牌多）。助攻选手一般要保持多种牌型组合的可能性，比如搭档需要顺子，选手就要拆散炸弹5555，组成45678顺子支援搭档。

3. 一般牌力战法

一般牌力牌型是中间灰色地带，介于强牌和弱牌之间，进可以攻，退可以守，牌力的弹性比较大，因此出牌的变化比较多。牌力和牌型组合决定了一般牌力选手的角色定位和出牌策略。具体的策略和战法有以下几种情况。

第一种情况，牌力在 7 点到 9 点，整体牌型组合一般，如案例 24 南方选手和案例 25 西方选手的牌力与牌型组合。在组牌阶段选手就要明确自己的定位是助攻角色，在牌型组合方面尽可能保留双张、三带二和顺子等牌型，便于根据搭档牌力和牌型的需要，无条件地支持和配合搭档争上游。

第二种情况，牌力在 9 到 10 点，整体牌型组合较好，如案例 28 西方选手的牌力牌型。虽然牌力和牌型较好，但是选手在组牌阶段仍然要明确自己的定位是助攻，因为炸弹较少以及缺乏两个以上的完整牌型或者优势牌型。一般牌力选手要保持冷静，不要有争上游的想法，否则将贸然出击、轻易牺牲牌力，最终会丧失在关键时刻支持搭档的良好时机。

第三种情况，牌力在 10 到 11 点，拥有比较完整的牌型和优势牌型。

【**案例 31**】东方选手单张大王、双张参谋 88、三同张 AAA、QQ、JJ、1010、9999、777、6666、55、44。牌

力 11 点，牌型完整而且有优势牌型，小牌较少，在单张、双张、三带二和三联对等牌型方面具有一定的控制力。出牌手数七（包括两个三带二、一个三连对），上手牌有五个，包括单张大王、双张参谋 88 和三同张 AAA，以及两个炸弹。牌型完整，小牌较少，选手在计算牌力分值时可以适当加分，因此案例 31 牌力牌型可以作为强牌牌型来对待。

案例 31 即使当作强牌来看，东方选手能否拿到上游位置，还要看看对方选手以及搭档的牌力和牌型情况。如果对方选手出现超强牌牌力和牌型，东方选手就难以拿到上游的位置，毕竟对手炸弹多而且大，案例 31 中的两个炸弹只能拿到一次出牌权。如果对方选手没有出现超强牌型，而且搭档也展示了一定的牌力和牌型，东方选手就有争上游的可能。案例 31 东方选手在开局阶段要保持冷静，多观察对方选手的牌力和牌型，特别是要了解搭档的牌力和牌型。如果在开局阶段无法判断敌情及搭档的情况，就需要耐心等待；在中场阶段如果了解敌情和搭档的情况，争取在获得搭档有力支持的情况下，发起冲锋，努力争取上游的位置。

4. 出牌手数估算

我们来认真研究和分析一下案例 32 南方选手的牌力和牌型情况。

【案例 32】南方选手，单张小王、单张参谋 8、A、KK、Q、J、1010、9999、77、6、5555、4、33、2222。案例 32 有三个炸弹，具有强牌牌力 12 点，出牌手数 12（包括顺子 AKQJ10），上手牌有三个。

案例 32 牌型分散、小牌较多（包括单张 6、4 和双张 33），整体牌力分布和牌型完整情况不如案例 31 的好。案例 32 比案例 31 到底差在哪里，就差在出牌手数上，案例 31 出牌手数只有 7 个，案例 32 出牌手数有 12 个。

出牌手数就是一副牌出完所需要的出牌次数（手），不管是单张、双张、三带二、顺子、炸弹、三连对、钢板等众多牌型，出牌都是一次，只算一手牌。看看案例 32 的牌型，南方选手出完手中所有的牌需要 12 次，包括六个单张、两个双张、一个顺子和三个炸弹，一共需要 12 次才能把牌出完。所以案例 32 的出牌手数是 12。

再看看案例 31 东方选手的出牌手数是多少。一个单张大王、三个双张、两个三同张（三个头）、两个炸弹和一个三连对。简单加起来是九手牌。如果选手把两个三同张和两个双张组成两个三带二，那么出牌手数只有七手牌。案例31只需要七手就可以把牌出完，而案例32则需要12手才能把牌出完。

通过计算出牌手数来进一步分析选手的牌力和牌型就更有参考价值了。案例32南方选手有12点牌力，案例31东方选手只有11点牌力，两者的差距到底有哪些？

首先，看看牌力分布情况。案例32有三个炸弹，而单张、双张和三带二等牌型上没有牌力、缺乏控制力。案例31有两个炸弹，但在单张（有大王）、双张（有参谋88）和三同张（有AAA）上都有牌力分布，虽然三者牌力分值加起来只有3点，但有可能拿到单张、双张和三带二等三个出牌权，即有三个上手牌。一个炸弹只能拿到一个出牌权，即只有一个上手牌。所以，案例31的牌力分布均衡而且有控制力，上手牌数量多，而案例32的牌力都集中在炸弹上，上手牌数量少。

其次，再看看牌型完整方面的差距。案例31有两个三带二和一个三连对，3手牌就可以出掉16张牌。而案例32有六个单张和两个双张，一共有10张牌，需要八手牌（次）才能出完10张牌。这是多大的差距啊！作为初级选手，您了解出牌手数的重要性了吗？

最后，为什么案例31东方选手能够跑得快，这就是掼蛋的最大秘诀，也是掼蛋的真正趣味所在。掼蛋的最大特点就是可以打出组合拳，就是一次可以出五张及六张的牌型，包括三带二、顺子、三连对和钢板，这才是掼蛋选手跑得快的核心要素。

我们一般把牌型划分为普通牌型、完整牌型、优势牌型和强势牌型四种。把单张、双张和三同张三种牌型称为普通牌型。把三带二、顺子、三连对和钢板四种牌型称为完整牌型，如55533、34567、667788、777888等。把由大牌（牌值大于10）组成的完整牌型称为优势牌型，具有一定的控制力，如AAA55、AKQJ10、AAKKQQ、AAAKKK等牌型。炸弹作为强势牌型，包括四同张炸弹、同花顺炸弹、五同张及以上炸弹牌型。

5. 上手牌数量

上手牌是指每个选手手中能够获得出牌权的牌型，包括炸弹、王牌、参谋和由大牌组成的完整牌型。上手牌数量，就是能够获得出牌权的牌型的数量。

在本书第三讲打牌战略思维的内容里对控制力与出牌权做了一定的描述。控制力就是选手对所出的牌型保持一定的控制，就是能打能收，包括单张、双张、三带二、顺子等牌型。出牌权就是选手拥有能够上手出牌的强有力牌型，包括炸弹、王牌、参谋以及由大牌组成的优势牌型。例如，炸弹多就是上手牌数量多，单张大王、双张小王、双张参谋、三同张 AAA、AAAKKK、AAKKQQ、AKQJ10 等也都是上手牌型。

上手牌的数量与牌力紧密相关，上手牌的数量多，就说明牌力强，上手牌的数量少，就说明牌力弱。上手牌的数量如果少于 2，就是弱牌，上手牌的数量如果超过 5，就是强牌。

【案例 33】单张大王、单张小王、双张参谋 88、三同张 AAA、Q、JJ、1010、9999、76543、3333、22。牌力 11 点，包括两个炸弹、单张大王、双张参谋 88 和三同张AAA。上手牌数为5，包括两个炸弹、单张大王、双张参谋88和三同张AAA，能够获得出牌权的牌型。

总之，一般牌力选手不仅要看手中牌力点数，还要看牌力分布，更重要的是看牌型完整情况，是否拥有完整牌型或者优势牌型。把牌力点数、牌力分布（即上手牌数量）和牌型完整情况（即出牌手数）三个因素结合起来分析，才能得到比较完整的牌力和牌型判断，才能比较合理地确定选手的角色定位和出牌策略。

一般牌力处于强牌和弱牌之间的中间地带，进可以攻，退可以守，发挥作用的弹性比较大。所以，一般牌力选手要认真观察和计算搭档以及对手的牌力与牌型，在搭档需要支持的重要时刻才能有所作为，一般情况下不要盲动和乱动。《孙子兵法》中记载："夫未战而庙算胜者，得算多也；未战而庙算不胜者，得算少也。多算胜，少算不胜，而况于无算乎！"所谓胜算就是要多算，要善于计算敌我双方牌力和牌型情况，知彼知己，方能百战不殆。

第八讲
记住大牌小牌

掼蛋用两副扑克牌，一共108张牌，包括王牌四张、参谋八张、大牌（AKQJ）32张。选手如果能够逐步掌握记牌的方法和技巧，在中场阶段和收官阶段就可以估算对方选手和搭档的牌力牌型情况，就能掌握出牌的主动权，就能有效避开对手的优势牌型，就能有力支持搭档取得最好的位置。

1. 首先记住王牌和参谋

大王和小王一共四张牌，在单张和双张牌型中它们分别是第一和第二大的。大王和小王之后就是参谋，在单张和双张牌型中排名第三，参谋一共有八张，包括两张♥

参谋（即百搭）。刚入门的选手要记住大王和小王四张牌，初级选手要再记住八张参谋，特别是双张♥参谋。如果大王和小王在对方选手手中，本方选手尽量不出单张，因为单张上没有控制力。如果搭档手中有大王和小王，本方选手就可以出单张让搭档上手。例如，开局第一圈牌北方选手领牌出单张，之后南方选手出小王，而东方选手和西方选手分别选择不出牌，说明两个大王在北方和南方选手的手中。

参谋在收官阶段的作用比较重要，谁拥有参谋谁就可能拥有出牌权，因为在中场阶段双方选手为了争夺出牌权基本出完了大王和小王。记住♥参谋尤其重要，如果本方手中有一个♥参谋，就可以配成炸弹或者完整牌型，从而出其不意地顺利出完牌。如果对方选手手中有一张♥参谋，那么就要估算对方手中的剩余牌数和牌型，打出让对方选手难以招架的牌型组合，同时提防对方手中♥参谋配成的炸弹牌型。

2. 重点记住大牌

为什么要记住大牌，是因为大牌组成的完整牌型叫优势牌型，在出牌过程中容易拿到出牌权。大牌包括AKQJ四张和四种花色，两副牌一共32张。由大牌组成的优势完整牌型包括AAA66、KKK99、QQQ77、AAKKQQ、KKQQJJ、AAAKKK、KKKQQQ、QQQJJJ、AKQJ10等。多种牌型组合，主要指三带二、顺子、三连对和钢板四种牌型。因此，选手要记住中场阶段四方选手一共出了多少张大牌，在收官阶段还剩余多少张大牌，方便自己估算对方选手和搭档手中的牌型组合。例如，南方选手手里有KKK带66组成的三带二牌型，就要重点记住出过的A有多少张，还剩下多少张，对方选手是否曾经出过AAA三带二或者双张AA牌型，搭档是否出过单张A或者双张AA等，这样就能最后确定自己手中的KKK在收官阶段是否是最大的三同张，是否可以获得出牌权。

3. 记住两张关键牌

记住两张关键牌5和10，因为5和10是组成五张顺子的关键牌，包括AKQJ10、109876和5432A等牌型组合。如果本方选手手中有一个中等牌值的顺子，比如

109876，那么可以记住出了多少张10。如果对方选手出过炸弹10101010，搭档选手又出过三张101010带一对55，那么其他选手手中大于10以上的顺子就没有了。同理，选手可以记住开局阶段和中场阶段四方选手一共出了多少张5，就可以在收官阶段估算对方选手或者搭档手中是否有由5组成的顺子。记住10和5这两张关键牌，有利于判断对方选手的牌型，防止对方选手打出顺子侥幸突围。如果参谋恰巧是10或5，那么两张♥参谋10或两张♥参谋5是百搭牌，此时只要记住其他6张参谋10或6张参谋5就可以了。

4. 记住两张小牌

小牌一般包括6、5、4、3、2单张和双张牌型，一般要求中高级选手记住几张小牌，特别是3和2。为什么要记住小牌？主要有以下四个原因：一是因为弱牌选手为了防守下家不愿意出小牌；二是强牌选手一般在开局和中场阶段也不会轻易出小牌让下家顺牌；三是一些选手经过中场阶段的拼杀，把本来的顺子或者三带二等完整牌型拆散了，结果剩余小牌滞留手中；四是安徽和江苏部分地区掼蛋游戏出现了上游或者双升情况下，上游和二游都可以拖3或者拖2的新玩法。拖2或者拖3是比较高级和复杂的新玩法，这里就不详细介绍了。

5. 计算搭档和对手的牌力

记牌的主要目的就是计算搭档和对手出过哪些大牌，手里还剩余多少牌力。例如，记住大王小王和参谋出牌的数量，就可以计算剩余的王牌和参谋的牌力了；记住对手和搭档出过的由大牌组成的优势牌型和强势牌型（炸弹）的数量，就可以计算剩余的大牌组成的炸弹或者优势牌型的概率了；记住两张♥参谋出来的数量，♥参谋一般搭配顺子和炸弹的概率较大，特别是在收官阶段，就可以计算剩余的♥参谋和炸弹的数量了。♥参谋配顺子是为了减少单张牌数量，♥参谋配炸弹是为了争夺出牌权。

掼蛋高手一般都是记牌高手。希望新手要记住4个王牌和8个参谋（包括2个♥参谋），初级选手要记住4个王牌、8个参谋和8个A；中级选手不仅要记住王牌、参谋和 A，还要记住搭档出过的牌型，高级选手要求记住所有的大牌，包括王牌、参谋和 AKQJ；一流选手要求不仅要记住大牌，还要记住每个选手第一手出的什么牌，和第一次炸弹之后出的什么牌；超一流的选手不仅要记住所有出过的大牌和炸弹，而且在打完一副牌之后，可以和搭档把一副牌重新梳理一遍，不仅记住了其他选手出了哪些牌型，还能点评搭档哪些牌出得好，哪些牌出得不好。

第九讲
识别出牌信号

掼蛋选手要通过识别搭档以及对方选手的出牌信号，来分析和判断搭档及对方选手的牌力分布与牌型组合，最终做出有利于本方选手和搭档的攻防策略与出牌技巧。

出牌信号包括强牌信号、弱牌信号、牌型信号以及攻防信号等多种信号。本方选手与搭档之间的各类特别约定信号则不在本文讨论的范围。

1. 识别强牌信号

强牌牌力一般在 12 点以上，至少有两个及以上炸弹，而且还要有比较完整的牌型组合，最好是由大牌组成的优势牌型，出牌手数不能太多（一般不超过 9 手）。

【案例34】东方选手，单张大王、双张参谋88、三同张AAA、KKQQJJ、1010、9999、777、6666、55。牌力12点，两个炸弹，牌力分布均衡，单张、双张和三带二、三连对都有一定的控制力，出牌手数为七，有上手牌五个。

【案例35】北方选手，单张大王、单张参谋8、AA、KK、QQ、JJ、101010、9999、66、5555、3333。牌力14点，三个炸弹，牌型单张和双张以及三连对有一定的控制力，出牌手数八，有五个上手牌，单张大王、AAKKQQ和三个炸弹。

【案例36】西方选手，单张小王、AA、Q、JJ、101010、9999、7777、66、5555、3333。牌力16点，有四个炸弹，出牌手数九，有四个上手牌。四个炸弹16点属于超强牌力。

上述三个案例的牌力分布和牌型组合，说明强牌一般炸弹多、有王牌和参谋，完整牌型以及由大牌组成的优势牌型多，出牌手数较少。强牌选手出牌信号主要有以下几个特点：

第一，打出有控制力的牌型，展示实力。强牌选手在开局阶段一般会先出有控制力的牌型，包括单张或者双张，而且会用王牌和参谋强硬地收回出牌权。如案例34和案例35牌型，无论是对方选手还是搭档出单张或者双张，强牌选手可以用单张大王和双张参谋88或者双张AA盖压获得出牌权。

第二，直接用大牌阻击对方选手出牌，夺回出牌权。强牌选手一般会选择尽快出完手中的牌，在开局阶段就不会轻易让对方选手获得出牌权。如果对方选手上手打出强牌选手缺乏控制力的牌型，如三连对或者顺子，强牌选手一般会用炸弹阻击对手，强硬地夺回出牌权。参见案例36，如果对方选手出单张，强牌选手会选择跟牌出Q或者小王阻击；如果对方出大王压制小王，强牌选手会用小级别炸弹打击对手，争夺出牌权；如果对方选手出双张，强牌选手直接用双张AA阻击对手；如果对手出双张参谋88，强牌选手选择用炸弹打击对手，并夺回出牌权。

第三，公开支持搭档，展示控制力。强牌选手会公开传递搭档所需要的牌型或者搭档有控制力的牌型。例如，搭档出单张或者双张被对方选手阻击，强牌选手择机上手后打出单张或者双张，让搭档顺出他的单张或者双张牌型；如果搭档出过三带二或者顺子，但遭到了对方选手的大牌拦截或者阻击，强牌选手可选择在第一时间夺回出牌权，打出搭档需要的三带二或者顺子牌型，同时向搭档展示他拥有强牌和控制力。

第四，重复使用炸弹，展示威力。强牌选手在中场阶段会重复使用炸弹来压制对方选手，希望直接消耗或者消灭对手的牌力和优势牌型，同时让搭档的炸弹或者优势牌型升级为有控制力的牌型，为搭档有机会获得出牌权铺平道路。参见案例36，强牌选手打出炸弹3333试图拿到出牌权，如果对方选手用炸弹4444或者6666盖压，强牌选手一定会用炸弹7777再盖压对手的炸弹，展示强有力的控制权。

第五，出牌节奏快，勇往直前。炸弹多的强牌选手一般会选择快速出牌，争取尽快拿到上游的位置。如果强牌选手小炸弹多而缺乏核武器级别的炸弹（如同花顺或者六同张炸弹），一定要尽快出牌。如果对方选手也是强牌，而且拥有一个或者两个同花顺级别的超级炸弹，一旦让对方选手顺利处理了他们的普通牌型（包括单张、双张、小牌三带二、顺子等），对方选手就会在中场或者收官阶段用核武器级别的炸弹阻击强牌选手的前进。

因此，识别搭档的强牌信号就是要支持搭档争上游，识别对方选手的强牌信号，就是要避免与强敌正面交锋。如果本方选手也是强牌，那么就要利用搭档的强牌优势，一起努力获得上游和二游的位置。

2. 识别弱牌信号

弱牌是指牌力在6点及以下的普通牌型，可以划分为有一个炸弹或者没有炸弹的两种牌型。

【案例37】南方选手，单张大王、单张小王、单张参谋8、AAA、K、QQ、J、101010、99、777、6666、5、4、33、2。牌力6点，一个炸弹，单张大王和一个大牌三带二，其他都是没有控制力的分散牌型。

弱牌的定位就是担任助攻选手，而且是在摸清搭档牌力和牌型的情况下才能出手支援，否则贸然出手就会过早地牺牲自己有限的牌力。弱牌选手一般是没有牌力发出信号的，但是没有信号也是一种信号。弱牌信号包括跟牌与顺牌信号、不出牌信号、示弱信号等。

第一，弱牌选手在开局阶段只会选择跟牌，一般不会使用有限牌力获得出牌权。在开局阶段弱牌选手就是无声无息，默默无闻，对搭档的主动展示也不会轻易做出回应。

第二，弱牌选手在中场阶段会继续展示弱牌信号。因为牌力有限，弱牌选手可能只有一次或者两次出牌权。所以弱牌选手是在了解和确认搭档的牌力和牌型的情况下，才会出手支援同伴。弱牌选手不要轻易使用自己的有限牌力，否则一旦遭到对手的强势压制，就可能没有出牌的机会了。例如，在中场阶段下家出牌三带二或者顺子，搭档没有类似的牌型选择不出牌，作为"守门员"一般要出牌阻击或者阻击后转换出搭档需要的牌型，但是弱牌选手只能选择不出牌，这就是一种示弱的信号。同时也是告诉搭档不要对自己寄予厚望。

假如弱牌选手选择在中场阶段出手阻击对手，打出搭档需要的牌型，一旦对手强势阻击搭档上手出牌，那么搭档可能还会希望弱牌选手继续支援他。但是弱牌选手的一个炸弹或者有限牌力已经用完了,可能没有办法再拿到出牌权了,留给搭档的只有失望。假如是一般牌力的选手可以选择在中场阶段担任守门员的职责,可以连续打出搭档需要的牌型,支持具有强牌牌力的搭档与对手继续战斗。

第三,弱牌在收官阶段能发挥作用。如果搭档和对手在中场阶段拼命搏杀,双方火力都很猛烈,弱牌选手可能没有机会或者不敢轻易出手支援搭档。在收官阶段,如果看到搭档和对方选手势均力敌的情况下,争取出手支援搭档,传递搭档需要的牌型,帮助搭档率先拿到上游位置。如果搭档在中场阶段牌力不够,让对方选手强势牌力压制住了,或者对方选手的一方已经拿到了上游的位置,在收官阶段弱牌选手会全力支持搭档率先突出重围,就是牺牲自己也要支持搭档。

总之,弱牌选手的出牌信号比较微弱,只要在开局阶段和中场阶段细心观察,就不难发现谁是弱牌,只要锁定弱牌选手,就能把他打成下游。

3. 识别牌型信号

强势牌力的信号主要看炸弹数量、王牌、参谋以及由大牌组成的优势牌型。一般牌型主要包括普通牌型（单张、双张和三同张）和完整牌型（顺子、三带二、三连对和钢板）两类。优势牌型是由大牌组成的完整牌型。炸弹是一种特殊牌型，是强势牌型，不在本讲讨论之列。

通过识别上述牌型的出牌信号，本方选手就容易发现搭档及对方选手的牌力和牌型情况。

第一，出单张和双张的牌型信号。每副牌第一圈领牌方出牌的信号比较明显。领牌出单张说明选手手里单张多而且有大王、小王等有控制力的牌型。领牌出双张说明选手手里单张少而且缺乏控制力，同时说明双张多，且有比较强的控制力的双张牌型，如双张参谋和双张 AA。

如果是下游选手领牌出双张，说明选手牌力不强，单张缺乏有控制力的牌型。俗话说，"情况不明，双张（对子）先行"。

如果是双下的一方领牌出牌信号比较强烈，出单张说明该方选手牌力强而且有争上游的牌力和牌型，出双张则是牌力较弱的信号，希望让搭档通过双张牌型上手出牌。如果下游和三游同时拿到两个大王抗贡，那么上游先出牌，上游选手领牌出单张和出双张的信号与双下的出牌信号基本相同。

第二，出有控制力的完整牌型。无论是在开局阶段单张和双张出牌信号展示之后，任何选手打出新的完整牌型，还是在第一圈牌领牌方打出完整牌型，如由小牌组成的顺子65432或者三带二55533，说明该选手可能还有一套至两套由中牌（109876等牌值）或者大牌（AKQJ）组成的顺子或三带二牌型。所以，在开局阶段，选手一般不轻易出没有控制力的完整牌型。

在中场阶段，本方选手选择出完整牌型，说明他有较强的控制力完整牌型可以收回，如果遇到对方选手打出优势牌型阻击，本方选手一般会用炸弹收回出牌权。如果本方选手没有用优势的完整牌型或者炸弹收回出牌权，说明他的牌力不够强，或者虽然具有较强的牌力，还不足以一个人对付对方选手的强力阻击，只能等待搭档择机上手传递自己出过的完整牌型。

第三，传递搭档出过的牌型。开局阶段本方选手要认真观察搭档的出牌信号，包括单张、双张、三同张等普通牌型以及顺子、三带二等完整牌型。如果牌力很强，本方选手会选择第一时间拿到出牌权，第一时间传递搭档出过的牌型。如果牌力一般，本方选手则会选择适当的时机拿到出牌权，然后传递搭档出过的牌型。牌力一般的选手要量力而行，不能勉强行事，否则会给搭档展示错误的信号，让搭档误以为你的牌力很强。

第四，出三同张牌型。三同张牌型又称三不带。为了防止下家出牌较多，在手中三同张牌型比较多（至少两套以上，而且有大牌三同张）的情况下，本方选手打出三同张牌型，旨在扰乱对方的牌型组合，让对手不好应对。俗话说，"要想怪，三不带"。

出三张牌型的常见情形主要有：一是在中场阶段，为了防止下家出牌较多，本方选手打出三同张，希望测试一下对方选手的反应；二是在收官阶段下家或者上家选手只剩下 6 张牌或者 10 张牌以下的时候，打出三不带牌型，扰乱对方选手的牌型组合，让对手拆散三带二牌型或者拆散钢板牌型来应对；三是在不了解搭档需要什么牌型的情况下，打出三同张牌型，看看搭档能否接得住，算是投石问路。

【案例38】东方选手，单张大王、单张参谋8、AAA、KK、Q、JJ、101010、9999、77、666、5、4、333。牌力6点，小牌多，只能担任助攻。在开局阶段东方选手只能选择顺牌单张和双张，展示弱牌信号，在中场阶段通过大王上手出三同张333，不能轻易出三带二，因为不知道搭档能否接得住三带二牌型，同时看看下家和上家选手的反应，如果遇到对手大牌拦截，可以用AAA收回，再出双张看看搭档是否需要。

第五，出比较特别的完整牌型。三连对（556677）和钢板（555666）是比较特别的完整牌型，都是由6张牌组成的，是出现概率相对较小的牌型，是让对方选手很难接得住的牌型。如果是强势牌力的选手一般会选择在处理好单张和双张牌型之后打出来，一是加快本方选手争上游的节奏；二是测试对方选手炸弹的多少，吸引对手炸弹的攻击；三是让搭档知道本方选手已经发起争上游的冲锋了，可能需要搭档的火力掩护。

如果是一般牌力，本方选手在开局阶段会选择先藏一藏这种特别牌型，不着急出，一是迷惑对方选手我手中牌数较多，暂时不用提防我出牌；二是在中场阶段用作疑兵之计，让对手看到自己手中牌数较多，可能有炸弹或者威力大的炸弹，比如同花顺炸弹或者六同张炸弹，吓唬对手不敢轻举妄动；三是在收官阶段打出六张牌来，迫使对手使用最后的炸弹，争取和搭档一起顺利摆脱对手的围追堵截。

【案例39】北方选手单张大王、双张参谋88、KK、QQ、JJ、1010、9999、7777、66、55、44、22。牌力10点，两个炸弹和单张大王与双张参谋88。牌力一般，但是牌型完整，出牌手数为8，上手数牌有4个。因为牌力一般，所以北方选手在开局阶段会跟牌双张1010，其他都会选择不出牌示弱。在中场阶段，北方选手可以出单张大王上手出双张22，看看搭档能否接牌继续出牌，如果遇到对方强力阻击，则用双张参谋88收回出牌权。如果遭遇对手炸弹阻击，北方选手则选择耐心等待机会，一是看看对方选手是否出三连对牌型，二是看看搭档的牌力能否争取上游位置，是否需要自己支持他优先争取上游。如果对方选手没有出牌三连对牌型，在中场后期看到对方选手炸弹使用较多、剩余牌力不足的情况下，北方选手则争取用炸弹7777上手出牌三连对665544，然后用三连对KKQQJJ收回，还有一个炸弹可以问鼎上游位置。如果北方选手在中场阶段初期就着急用炸弹上手出三连对，可能遭遇对方选手强力阻击，因为牌力不足，可能难以获得上游或者二游的位置。

4. 识别攻防信号

准确识别搭档和对手的进攻出牌信号和防守出牌信号，是关系到本方选手能否积极支持搭档前进或者有效阻止对方进攻的重要问题。正如前面强牌上游策略所述，只有具备强势牌力和优势牌型的选手才可能在开局阶段和中场阶段采取进攻策略，一般牌力和弱牌选手会采取防守策略。本讲主要讨论进攻选手的出牌信号，防守出牌信号建议参考前面两讲有关弱牌出牌策略和一般牌力战法的内容。

进攻选手一般会选择以下几种出牌方式，这些都是本方选手观察搭档或者对手进攻的主要信号。

第一，主动打出大牌单张、大牌双张或者由大牌组成的完整牌型，直接吹响冲锋号。例如，在开局阶段领牌选手一开始就打出牌值10以上的单张、牌值9以上的双张、9以上的顺子以及9以上的三带二，表明领牌选手单张有大王控制，双张有两个AA或者两个参谋88控制，还有三个AAA或者三个KKK领衔的三带二以及AKQJ10顺子等优势牌型。选手在中场阶段主动打出Q以上的单张、JJ以上的双张、三同张101010以上的三带二以及10以上的顺子，都是展示进攻的信号。

第二，频繁使用炸弹，公开挑衅对手，发出进攻信号。超强牌选手在开局阶段就会使用炸弹压制对手的单张大王、双张AA或者双张参谋88、三同张AAA以及AKQJ10等牌型。在中场阶段，强牌选手会频繁使用炸弹压制对手的优势牌型或牌值小的炸弹，牢牢掌握出牌控制权。

第三，阻击上家或者下家出牌信号。一般来说出牌不打上家，因为上家出牌有利于本方选手选择跟牌，借机处理自己的单张、双张和一般的完整牌型。所以，任何选手主动出大牌拦截上家选手的出牌，就是展示强势牌力，发出进攻信号。同理，强势阻击下家出牌的选手，也是展示进攻的信号，因为本方选手不希望对方选手出牌较多而影响自己争上游的速度。如果强牌选手还有需要处理的单张或者双张等中等牌值（如单张J、10、9或者双张99、88等）的牌型，可能会选择跟牌，最后留炸弹让搭档接风。

第四，反击对手的牌型信号。在开局阶段，强势牌力选手会主动出自己有控制力的牌型，一般不会出对手出过的牌型。如果选手主动打出对手出过的牌型或者对手的优势牌型，说明该选手实力更强，同时说明该选手发出了进攻信号，即使自己的牌型与对手的牌型一样。例如，北方选手在开局阶段出过双张，而且出过大牌双张收回出牌权，西方选手通过双张大王或者炸弹获得出牌权，随后西方选手选择出双张来反击对手。这说明西方选手有争上游的强势牌力，而手中双张牌型较多，必须处理双张牌型，所以打出对手出过的双张牌型，但是手中有大牌双张或者炸弹，并不担心对手在双张牌型上的控制力。同理，对手出过三带二或者顺子等牌型，本方选手仍然选择出三带二或者顺子牌型，说明本方选手牌力很强，或者在三带二和顺子等牌型上也有较强的控制力。

　　第五，强力支持搭档争上游的进攻信号。强牌选手在开局阶段发现搭档展示了强牌牌力和优势牌型，本方选手一般会选择优先支持搭档争上游，自己也力争拿到二游的位置。强力支持搭档就是率先使用自己的炸弹或者优势牌型来阻击对手出牌，第一时间打出搭档出过的牌型或者搭档具有控制力的牌型，如单张、双张或者三带二等牌型。例如，北方选手和南方选手先后展示了强牌实力和进攻信号，东方选手和西方选手只能选择合力阻止一方前进，具体是合力阻止北方选手还是南方选手，主要看北方选手和南方选手谁的牌力较弱或者谁的牌型较分散。就是说东方选手和西方选手只能选择对牌力和牌型相对较弱的一方进行阻击。遇到双方都拥有强势牌力的对手，防守方要善于识别谁的牌力更强，就避其锋芒，合力拦截牌力相对较弱的一方，避免双下的被动局面。

5. 识别牺牲牌信号

什么是牺牲牌？牺牲牌就是本方选手为了支持搭档获得上游或者二游的位置，主动放弃自己的牌型优势，并用尽自己所有的牌力来支持搭档前进，直到自己牺牲成为下游。

如何判断对方选手打出了牺牲牌的信号？

首先该选手要具有较强的牌力，包括强势牌力和一般牌力两种情况。例如，西方选手具有较强的牌力，拥有三个炸弹，其他牌型一般。在开局阶段发现搭档东方选手具有争上游的牌力和优势牌型，但是先后遭遇到南方选手和北方选手的强大火力压制。就是说东方选手在展示强势牌力和发出进攻信号之后，每次出牌都被北方选手和南方选手联合阻击。因此，西方选手决定牺牲自己的牌力来掩护和支援搭档前进。西方选手通过炸弹阻击下家南方选手或者上家北方选手出牌，主动传递搭档需要的或者被北方选手和南方选手阻击的牌型。牺牲牌的选手一般不会主动出自己的牌型，只出搭档出过的牌型。

下面案例中四方选手的牌力都比较强，最终胜利取决于哪方选手能够主动做出牺牲来掩护和支援搭档前进。

【案例40】北方选手，单张小王、单张参谋♦8♣8、♠A♣A♦A、♣K、♥J、♥10♦10♣10、双♥99、♠9♣9、♠7、♠6♥6♦6♣6、♠5♣5、♥4双♣44、♦2♣2。牌力10点，双张参谋、三同张AAA和两个炸弹，上手牌四个，出牌手数10个，定位助攻角色。南方选手，单张大王、单张参谋♠8、♦A、双♥KK、♦K、♠Q♥Q♦Q♣Q、双♠1010、♥10♣10♦10、双♦99、♠9♣9、双♦77、♣7、♠6♦6、双♦55、♣3♦3。牌力13点，单张大王和三个炸弹，上手牌四个，出牌手数九个。西方选手，单张大王、单张参谋♥8♦8、♥A♣A、双张♠KK、♦K♣K、♠Q♥Q、双♣JJ、♠J♦J、♥7♣7、♣6、♠5♣5、♠4♥4、♠3♦3♣3、♦2♣2。牌力13点，单张大王和二个炸弹（包括♥参谋8配三同张

333），上手牌四个，出牌手数 11 个。东方选手，单张小王、单张参谋♥8、♠8♣8、♠A♥A、♦Q♣Q、♠J♥J♦J、♣10、♠7♥7、♥6、双♥55、♠4、双♦44、♠3♥3♣3、双♠22双♥22。牌力 9 点，双张参谋和两个炸弹（包括♥参谋配三同张JJJ），手数牌三个，出牌手数 12 个。

南方选手和北方选手优势牌型是三带二，而东方选手和西方选手优势牌型是双张，双方牌力是 23 点和 22 点，牌力相当。我们来分析一下两个助攻选手勇于牺牲自己支持搭档争上游的案例。

第一种牌例，东方选手没有明确自己的助攻角色，没有示弱出双张牌型信号，而是随意出了单张♥6，结果东方选手和西方选手失去了上游位置。第二种牌例，东方选手明确自己的助攻角色，出双张让搭档上手出牌，结果搭档西方选手获得了上游位置。当然值得表扬的是北方选手一直明确自己的助攻角色，当南方选手单张大王上手出三带二牌型时，北方选手就想方设法上手传递三带二牌型给搭档南方选手，结果北方选手和南方选手获得了上游与二游的可喜局面。

第一种牌例。因为进贡搭档西方选手大王，东方选手领牌出单张♥6，北方选手出♠7、西方选手出♦8，南方选手出大王，其他三方选手不出牌。南方领牌出77733，东方选手出JJJ55，北方选手出AAA22，西方选手出♥参谋8配三同张333炸弹，南方选手不出牌，东方选手不出牌，北方选手使用炸弹6666，西方选手、南方选手和东方选手都不出牌。北方选手领牌出44455，西方选手不出牌，南方选手出KKK55，东方选手出炸弹2222，北方选手和西方选手不出牌，南方选手出炸弹9999，东方选手和北方选手不出牌，西方选手出炸弹JJJJ，其他三方不出牌。西方选手出♣6，南方选手出♦A，东方选手出单张小王，其他三方不出牌。东方选手领牌出77，北方选手出双张参谋88封堵，其他三方选手不出牌。北方选手率先申报手中剩余10张牌，北方选手接着出101010，西方选手和南方选手不出牌，东方选手被迫出炸弹♥参谋8配333，申报手中剩余10张牌，其他三方选手不出牌。东方选手领牌出单张♣10，北方选手出♥J，西方选手出大王，其他三方不出牌。西方选手领牌出44，南方选手出66，南方选手申报手中剩余9张牌，东方选手出QQ，北方选手和西方选手不出牌，南方选手运用炸弹10101010，手中剩余5张牌，东方选手和北方选手不出牌，逼迫西方选手出炸弹KKKK，东方选手申报手中剩余10张牌，其他三方选手不出牌。西方选手出55，南方选手选择不出牌，东方选手出QQ，北方选手出炸弹9999，然后出单张K，西方选手出♥A，南方选手出♠8。东方选手不出牌，北方选手出单张小王，获得上游。西方选手剩余7张牌，单张♣A、双张QQ、双张77和双张22，东方选手剩余7张牌，双张参谋88、双张AA和444。南方选手运用炸弹QQQQ，获得二游，北方选手和南方选手获得上游和二游的可喜局面。

第一种牌例说明北方选手在组牌阶段就知道自己牌力不足以争上游，所以运用牺牲战法支持搭档南方选手争上游。看到南方选手出三带二牌型，北方选手出AAA22，佯装要争上游，吸引西方选手炸弹。接着用双张参谋88阻击东方双张77，再次吸引对方选手使用炸弹，且不惜用炸弹6666上手出三带二牌型支持南方选手，让南方选手顺过了KKK55，保存了南方三个炸弹的实力。在收官阶段，南方选手在看到东方选手出单张♥A时，就已经判断外面没有四同张AAAA炸弹，因为西方选手炸弹KKKK已经出过了，北方选手出过三同张AAA。在收官阶段，南方选手还有两个炸弹，北方选手有一个炸弹，东方选手和西方选手已经没有炸弹了。当然，北方选手和南方选手拥有完整牌型三带二，不仅出牌速度快，而且是大牌组成的完整牌型，还消耗了东方选手和西方选手两个小炸弹。东方选手和西方选手虽然具有双张牌型优势，但是出牌速度慢，出牌手数多，所以最后双下时手中剩余牌数较多。

第二种牌例。东方选手牌力一般，拥有两个炸弹、单张小王、双张参谋88和AA，还有一个钢板和三带二，没有争上游的强势牌力和优势牌型，但是双张有大牌优势。在组牌阶段，如果东方选手明确定位助攻的角色，领牌出双张♥55，而不是出单张♥6，那么东方选手在开局阶段或者中场阶段了解到搭档西方选手具备争上游的强势牌力和优势牌型，就准备牺牲自己支持搭档争上游，可能结局就不一样了。

下面我们再看看东方选手牺牲自己支持搭档西方争上游的出牌案例。

东方选手领牌出双张♥55，北方选手不出牌，西方选手出77，南方选手不出牌，东方选手不出牌，北方选手出88阻击，东方选手出炸弹2222，其他三方选手不出牌。东方选手出77，北方选手不忍心拆三同张AAA拦截，选择不出牌，西方选手出QQ，南方选手和东方选手不出牌，北方选手使用炸弹6666，其他三方选手不出牌。北方选手转换牌型出三带二44422，西方选手不出牌，南方选手接牌出KKK33，东方选手使用炸弹♥8配三同张JJJ，迫使南方选手出炸弹QQQQ，其他三方不出牌。南方选手领牌出77755，意图支持搭档北方选手，东方选手不出牌，北方选手出10101055，其他三方选手不出牌。北方选手只能出单张♠7，率先申报手中剩余10张牌，西方选手出♦参谋8，南方选手出大王，其他三方不出牌。南方选手只能出双张66或者单张A，因为东方选手和西方选手具备双张优势，所以南方选手出单张 A。东方选手可以出小王，或者选择不出牌，因为他知道西方选手有大王。东方选手选择不出牌，意图让搭档西方选手大王上手出牌，北方选手不出牌，西方选手出大王。其他三方不出牌，西方选手出♥参谋 8 配单张♣6 和双张 55 与双张 44 组成三连队，南方选手和东方选手不出牌，北方选手使用炸弹 9999，西方选手使用炸弹 JJJJ，其他三方选手不出牌。因为南方选手和北方选手出过三带二牌型，西方选手选择出双张 22，申报手中剩余 9 张牌，南方选手顺过双张 66，申报手中剩余 9 张牌，东方选手出 QQ，北方选手出双张 AA 拦截，手中剩余 4 张牌，西方出炸弹 KKKK，其他三方不出牌。西方选手再出三带二 333AA，获得上游。南方选手使用炸弹 10101010，手中剩余 5 张牌，东方选手和北方选手不出牌。南方选手出单张♠参谋 8，东方选手出小王，南方选手出炸弹 9999，获得二游。北方选手接风出单张♥J，东方选手出单张♥A，北方选手出小王，然后出单张♠A，东方选手出单张♠参谋 8，再出单张♣10，北方选手出单张♣K，获得三游。

第二种牌例说明牌力一般的选手要主动明确定位自己的助攻角色，不仅在领牌出单张还是出双张牌型上有区别，更重要的是勇于牺牲自己支持搭档争上游。第一种牌例是东方选手出单张♥6，结果让南方选手大王上手出三带二77733，打出自己的牌型信号，然后北方选手就使用双张参谋88和炸弹6666上手，传递三带二44455给搭档南方选手，让南方选手顺过KKK55，保存了南方选手三个炸弹的实力，最终获得上游。第二种牌例是东方选手明确自己的助攻角色，领牌出双张55，结果西方选手顺过双张77，后来东方选手牺牲自己出双张77让搭档西方选手双张QQ顺过，结果西方选手获得了上游位置。

　　弱牌不存在牺牲牌信号，因为弱牌基本上没有牌力持续支援和配合搭档快速前进。

第十讲
收官牌型定式

1. 收官定义

收官是指一副牌出牌过程中任何选手手中剩余牌数等于或者少于 10 张的时候，该方选手要主动申报手中剩余牌的数量，该选手即进入了收官阶段。

简单地说，收官阶段就是一副牌进入了最后的收尾阶段。象棋有残局，围棋有收官，但是象棋和围棋好像没有明确规定还剩余多少棋子后即进入了收官阶段。掼蛋比赛规则有明确的规定，就是任何选手手中剩牌数等于或者少于 10 张的时候，该方选手要主动申报剩余牌数，就说明该方选手进入了收官阶段。收官阶段是比赛双方选手进入最后的博弈阶段，看看哪个选手第一个出完手中牌并获得了上游的位置，谁最后一个出完牌便成为下游。

【案例41】北方选手出完一手牌后手中剩余10张牌，包括单张参谋8、炸弹9999和一个三带二77766。

【案例42】西方选手出完一手牌后手中剩余8张牌，包括双张AA、炸弹JJJJ和双张77。

【案例43】南方选手出完一手牌后手中剩余7张牌，包括单张小王、三带二66699和单张5。

案例41和案例42是强牌选手进入了收官阶段，案例43是一般牌力选手进入了收官阶段。

2. 收官策略

在收官阶段，每个选手主要根据手中的牌力和牌型来确定自己的收官定位和收官策略。具体来说，我们可以将收官策略划分为以下几种情况。

一是强牌收官策略。强牌选手根据自己争上游的角色定位，收官策略就是争取第一个出完手中的剩余牌。参见案例41北方选手手中剩余10张牌和案例42西方选手手中剩余8张牌。如果南方选手领牌出一个单张，那么北方选手出一个单张参谋8，逼迫西方选手出炸弹阻击，否则北方选手出一个三带二，就剩余一个炸弹了。如果东方选手领牌出双张，西方选手顺过双张77或者用双张AA接过出牌权，那么西方选手就可以冲刺上游的位置了。

二是一般牌力收官策略。一般牌力选手在收官阶段的策略就是配合搭档争取上游的位置，或者在对方选手已经拿到上游位置的情况下，配合搭档争取二游的位置，尽量避免双下的不利局面。案例43南方选手手中剩余牌型为没有控制力的弱牌，即没有炸弹和大牌组成的优势牌型，几乎没有可能争上游位置。如果南方选手有机会出牌，可以出三带二66699送搭档，北方选手如果顺过77766，就剩余一个单张参谋8和一个炸弹9999，逼迫西方选手出炸弹阻击。即使西方选手不出炸弹，北方选手出单张参谋8，也可以获得上游的位置。

三是强牌变为一般牌力的收官策略。强牌选手在中场阶段和对方选手交战过程中消耗了大部分牌力，进入收官阶段就成为一般牌力。

【案例44】东方选手手中剩余9张牌，牌型是

6666、55、4、33，包括一个小炸弹和三手小牌。东方选手已经没有牌力和牌型争上游了，唯一的策略只能是配合搭档西方选手拿到上游的位置。如果了解搭档需要双张牌型的话，东方选手可以通过炸弹上手出牌，打出搭档需要的双张牌型33，让西方选手顺过双张77，或者受到南方选手大牌拦截，西方选手直接出双张AA上手，逼迫北方选手出炸弹阻击。即使北方选手不出炸弹阻击，西方选手出双张77，手里就剩余一个炸弹，也能获得上游的位置。东方选手牺牲自己支援搭档争上游，也是有价值的选择。

四是弱牌收官策略。弱牌选手如果在中场阶段为了支援搭档争上游而使用了炸弹或者优势牌型，进入收官阶段可能就没有牌力拿到出牌权了，因此也就无力支援搭档。如果弱牌选手在中场阶段没有使用炸弹或者优势牌型，一直保存着仅有的牌力，那么在收官阶段可以拼尽最后的牌力支援搭档。

【案例45】东方选手剩余10张牌，单张参谋8、炸弹5555、44、3、22。一个炸弹，一个参谋和三个小牌。在其他选手进入收官阶段的时候，弱牌选手手中剩余牌数一般会超过10张，就是说弱牌选手上手出牌的机会少，只能跟牌和顺牌，主动拿到出牌权领出牌的情况较少。因此，收官阶段主要是针对强牌选手和一般牌力选手而言的，弱牌选手一般没有收官阶段。除非在收官阶段弱牌选手还拥有一个具有控制力的牌型，如单张小王、双张AA，或者一个大牌组成的完整牌型（包括三带二或者顺子）。

因此，收官阶段的角色定位和出牌策略，不仅取决于该选手手中剩余的牌力和牌型，同时还取决于搭档及对方选手手中的牌力和牌型。如果能够获得搭档的有力支持，那么该选手争上游的可能性就大大增加。如果搭档的牌力较弱，该选手只能依靠自己的牌力争上游，或者只能择机突出重围，避免双下的不利局面。

3. 收官攻防技巧

收官阶段是展示每个选手综合素质和出牌技巧的关键时刻，一招不慎，就会招来满盘皆输。收官不仅测试选手的记牌能力，而且考验选手的判断能力。在收官阶段，既要求每个选手记住出过的全部王牌、参谋（包括♥参谋）和多数大牌（包括 A 和 K），还要求选手准确判断搭档及对手手中的牌力和牌型。收官阶段要求选手既要积极进攻，争取上游的位置，又要谨慎防守对手冲刺上游位置。可以说收官阶段决定了一个选手的生死，或者说收官阶段是一个选手的生死门。

因此，在收官阶段如何组织有效进攻、如何打造防守壁垒，可以真正检验一个选手的功力和定力。具体来说，收官阶段的攻防技巧可以划分为以下几种情况：

一是扬长避短，出自己有控制力的牌型。如果本方选手还有牌力和优势牌型可以争上游的话，优先出自己有控制力的牌型，否则很容易被对手阻击，从而失去出牌权。优先出自己有控制力的牌型，同时希望搭档能够支援和配合自己，就有可能拿到上游的位置。

【案例 46】北方选手剩余 9 张牌，单张大王、单张参谋 8、J、9999、55。北方选手在单张有控制力牌型，所以优先出单张 J，然后希望参谋 8 或者大王对单张牌型保持控制力。

二是舍己救人，全力支持搭档争上游。如果自己牌力和牌型一般，没有争上游的可能性，就优先出搭档需要的或者搭档出过的牌型，希望搭档顺利接手出牌，支持搭档争上游。俗话说，"牌力牌型差，全力保对家（搭档）"。

【案例47】西方选手剩余9张牌，单张小王、双张AA、777、66、5。西方选手牌力一般，没有炸弹，所以争上游十分困难，只能全力支持搭档争上游。如果搭档东方选手剩余10张牌，是一个三带二、一个四同张炸弹和一个单张，即541牌型分布，而且西方选手知道搭档东方选手曾经出过三带二牌型，所以西方选手通过单张小王或者双张AA上手，出77766送给搭档顺过三带二牌型，那么东方选手就有可能争上游了。如果搭档是4222牌型分布，即一个炸弹和三个双张，西方选手记得搭档出过双张牌型，但遇到了对手双张大牌阻击。西方选手如果有机会通过单张小王上手出牌，一定先出双张66，送给东方选手顺过一个双张。如果遇到对手拦截，西方选手出双张AA上手，接着出双张77送给东方选手再顺过一个双张。这样东方选手剩余一个炸弹和一个双张，就有可能争上游了。

三是严防死守，提防下家和上家出牌。如果发现搭档没有实力争上游，即没有强势的牌力和牌型，那么只能依靠自己迂回前进，穿插于对方选手之间。出牌既要提防下家的牌型组合，又要提防上家的牌型组合，主要是提防牌力和牌型更强的对方选手，或者提防手中剩余牌数较少的对手。例如，下家手中剩余五张牌，本方选手就可以出双张；如果下家剩余六张牌，就可以出三同张，尽量出让下家难受的牌型，或者逼迫下家拆散手中的优势牌型组合来应对。同理，如果上家手中剩余牌少于10张，也要提防上家。

四是同心同德，争取给搭档接风。拥有强势牌力和优势牌型的选手在收官阶段争取给搭档接风，就是说最后一手牌是炸弹或者由大牌组成的优势牌型，让对方选手难以跟牌或者压制。

【案例48】南方选手手中剩余9张牌，单张大王、双张参谋88、9999、66，南方选手可以通过单张大王或者双张参谋88获得出牌权，然后出双张66，留单张大王或者9999炸弹断后,给搭档接风的机会。

五是诱敌出头,逼迫对手出炸弹,打掉对手最后的主力。如果本方选手具有争上游的强势牌力和牌型,但是判断对方选手手中还有一个炸弹及其他两手牌型,所以顶出单张、双张大牌或者大牌完整牌型,做出争上游的姿态,逼迫对手打出最后的炸弹。一旦出完炸弹,对手手里就没有控制力的牌型了,这样该选手不仅可以争上游,而且间接地支持搭档争取二游,或者逃出对手的包围圈。

【案例49】东方选手手中剩余9张牌,单张大王、AA、JJJJ、99。北方选手手中剩余10张牌,单张小王、Q、1010、9999、77。北方选手领牌出双张77,东方选手出双张AA阻击(封顶),诱使北方选手出炸弹。如果北方选手出单张Q,东方选手出大王阻击,诱使北方选手出炸弹。如果北方选手不出炸弹,东方选手选择出单张大王或者双张AA,手中只剩余6张牌,进一步诱使北方选手出炸弹。如果北方选手还不出炸弹,东方选手只能出双张99,留下炸弹JJJJ给搭档西方选手接风。

4. 常见收官牌型

按照比赛规则，每名选手在出完一手牌后达到 10 张以下（包括 10 张）要主动申报手中剩余牌张数，而且只报一次。每名选手主动申报手中剩余牌数少于 10 张（包括 10 张）之后，他就进入了收官阶段。收官阶段的常见牌型一般分为有炸弹加其他牌型和没有炸弹加其他牌型两类，这里主要讨论有炸弹加两手其他牌型案例，没有炸弹的牌型基本上没有争上游的可能，所以对此不作重点讨论内容。

如果对方选手只有两手牌的牌型组合，即一个炸弹加一个完整牌型（包括顺子或者三带二），那么防守选手是无法阻止对手争上游的，因此，这里不讨论对手只有两手牌的收官牌型。

如果对方选手是四手牌的牌型组合，即一个炸弹加三手牌的牌型组合，争上游的可能性比较小，如 9999、777、6、4，或者 9999、77、55、4，所以本讲也不讨论这类牌型组合。

根据每名选手进入收官阶段的牌型组合，即一个炸弹加两手牌，可以划分为以下几种牌型组合及相应的防守策略。

第一种情况是10张牌，主要是541牌型组合，即一个炸弹加两手牌。如9999、76543、J或JJJJ、10101077、6。一个四同张炸弹加一个单张和一个顺子（或者是三带二）。防守方只出双张，不能轻易出单张或者五张牌型，重点是控制单张牌。如果上家出单张配合对手，防守方要出单张大牌站岗或者顶一下，如单张A或者K，不让下家对手过单张J或者单张6。防守方出一个三同张也是可以的。

第二种情况是9张牌，主要包括621、522和531三种牌型组合。如果判断对手是621牌型组合，单张和双张没出完或者没有顺出去，防守方只能出三同张，不能出单张或者双张，重点控制单张。迫不得已可以出单张大牌，让搭档接手出牌。

如果对手是522牌型组合，防守方优先出三张或者单张，重点控制双张。虽然对手可能不要单张，但是防守方还是不要轻易出单张，因为对手有可能是531牌型。如果对手是531牌型，防守方优先出双张，不能出单张，重点控制单张。迫不得已可以出单张大牌。

第三种情况是 8 张牌，主要包括 521、422 和 431 三种牌型组合。如果对手是 521 牌型组合，一个炸弹（五同张或者同花顺）加一个双张和一个单张，防守方优先出三张或者五张，重点控制单张和双张。如果对手是 422 牌型组合，一个炸弹带两个双张，防守方还是出三张或者五张，重点控制双张。如果将对手 8 张牌拆开为两个 4 张牌，出单张大牌也可以的，但是不要出双张。如果对手是 431 牌型组合，一个炸弹加一个三同张和一个单张，防守方优先出双张或者五张，重点控制单张。

第四种情况是 7 张牌，主要包括 511 和 421 两种牌型组合。如果对手是 511 牌型组合，一个炸弹加两个单张，防守方优先出双张、三张或者五张，重点控制单张。如果对手是 421 牌型组合，一个炸弹加一个双张和一个单张，防守方优先出三张或者五张，重点控制单张和双张。

第五种情况是 6 张牌，主要是 411 牌型，一个炸弹加两个单张，防守方优先出双张、三同张或者五张。

如果搭档剩余牌数少于 10 张，送牌给搭档也要根据搭档的牌型组合来判断，出牌要领正好与上述防守对手是相反的策略。

在收官阶段，如果对手没有炸弹，可能有以下几种情况的普通牌型组合，一般不超过三手牌。如果手里没有炸弹，多于三手牌，属于弱牌，没有讨论价值。

第一种情况有 7 张牌，主要包括 52、511 和 331 三种牌型组合。52 牌型组合是一个五张完整牌型（三带二或者顺子）加一个双张，防守方优先出单张，控制双张和五张牌型。如果对手是 511 牌型组合，包括一个五张完整牌型（三带二或者顺子）和两个单张，防守方优先出双张，控制单张和五张牌型。如果对手是 331 牌型组合，防守方优先出双张，控制三同张牌型。

第二种情况有 6 张牌，包括 321 和 222 两种牌型组合。321 牌型组合是一个完整牌型（包括三带二）加一个单张，防守方优先出双张或者单张大牌，不出三同张或者五张牌型。222 牌型组合包括三个双张，防守方优先出单张或者三同张，控制双张牌型。

第三种情况有 5 张牌，包括顺子、三带二和 311、

221四种牌型组合。如果是顺子或三带二的完整牌型，防守方优先出双张，控制五张牌型。311牌型组合是一个三同张加两个单张，防守方优先出双张，控制单张。221牌型组合是两个双张加一个单张，防守方优先出三张，如果防守方有控制力的双张大牌，如AA、KK等，也可以出双张牌型。

第四种情况有4张牌，主要包括211、31和22三种牌型组合。211牌型组合是一个双张加两个单张，防守方优先出三张，控制单张牌型。31牌型组合是一个三同张加一个单张，防守方优先出双张，控制单张。22牌型组合是两个双张，防守方优先出单张，控制双张。

第五种情况有3张牌，包括111和21两种牌型组合。111牌型组合是三个单张，防守方优先出双张，控制单张。21牌型组合是一个双张加一个单张，防守方优先出五张，控制单张和双张。如果防守方单张有控制力，如有单张大王、单张小王等，也可以出单张。如果对手手里只有2张牌，防守方优先出三张或者单张，控制双张牌型。

第十一讲
掼蛋主要定律

上中学时就知道数学课本里有一些定理和公理，都是古今中外数学家们总结和论证过的。后来上大学时学习下围棋，知道围棋也有很多定式。掼蛋也有一些前辈们在长期理论研究和身经百战的实践中总结出来的宝贵经验，包括定式和定律。本讲主要讨论一些常用的掼蛋定律。初级选手学习和掌握掼蛋定律，就是要深刻理解这些定律的内在逻辑，然后在打牌过程中自觉地应用，不仅可以少走一些弯路，还可以快速提高打牌技巧。

1. 搭档优先定律

掼蛋是双打模式，是本方选手和搭档合力与对方选手博弈的游戏。如果没有搭档的支持和配合，本方选手就变成单打了，而且是一对二（对方选手有两个），赢牌的概率肯定不大。所以，选手一定要记住搭档优先定律，自己的主要任务就是支持和配合搭档争上游，而不是一个人与对手比拼牌力，或者叫打斗气牌。如果本方选手牌力强，搭档牌力也强，首先要想到支持和配合搭档争上游。如果本方选手牌力一般，更要全力支持同伴争上游。如果本方选手牌力强，而搭档牌力一般，本方选手要勇于担当主攻角色，让搭档来支持和配合自己争上游。如果本方选手牌力一般，搭档牌力也一般，则优先支持搭档先撤退，避免双下的不利局面。

由搭档优先定律引申出慎接搭档牌定律。搭档在出牌过程中，如果本方选手牌力一般或较弱，就不要接搭档的牌，而要让搭档多出牌，让搭档尽快出完相关牌型。例如，搭档出三带二 55566 或者 65432 顺子牌型，本方选手手中有三带二 10101055 或者 J10987 顺子牌型，此时，本方选手不能打出 10101055 或者 J10987 顺子，因为搭档手里可能还有三带二 99977 或者顺子 109876 牌型。因此，本方选手不仅不能接同伴的牌型，而且还要保留搭档需要的牌型，如果搭档出牌受到对方选手大牌拦截或者顶级大牌阻击，本方选手还要择机传递搭档出过的牌型，如打出三带二 10101055 或者顺子 J10987 牌型，去支援搭档。

　　同理，在搭档争上游的出牌过程中，本方选手一般也不要轻易顺牌或者跟牌，特别是本方选手在没有牌力和牌型争上游的情况下，不要阻挡搭档快速出牌或者挤压搭档快速出牌的有效空间。例如，搭档出双张 77，本方选手手中有双张 99 和双张 QQ，为了让搭档快速出牌，本方选手就不要顺牌双张 99，更不能出大牌双张 QQ 拦截。本方选手要注意观察搭档的牌力和牌型，在关键时刻，还要传递搭档需要的牌型。又如，本方选手获得出牌权之后，优先打出双张 99 去回应搭档。如果本方选手在上一圈出牌就顺过了双张 99，那么就没有合适的双张牌型去支援搭档了。俗话说，"搭档出的牌，压住应再来"。要求本方选手记住并传递搭档出过的牌型，特别是在搭档牌型受到对方选手大牌拦截或者阻击之后，要择机上手打出搭档需要的牌型，绝不能轻易变换其他牌型。

例外的情况就是搭档拥有超强牌力,本方选手牌力较弱或一般,本方选手希望借助搭档的超强牌力上手出牌,所以搭档出牌之后,自己可以跟牌和顺牌,甚至是接牌。如果对方选手阻击本方选手出牌,搭档可以借机打压对方选手,并消灭对方选手的主要牌力和优势牌型。如果本方选手也是强牌牌力和优势牌型,就不要轻易接搭档的牌,优先让搭档顺利获得上游的位置。

【案例50】东方选手,双张小王、双张参谋88、AAA、KK、JJJJ、♥同花顺109876、4444、333、22。牌力15点,三个炸弹,两个完整牌型三带二,两个双张小王和参谋88,属于超强牌力和牌型。西方选手,单张大王、双张参谋88、AA、KKK、QQ、1010、999、7777、66、55、44、22。牌力7点,牌型比较完整,单张和双张有优势牌型。

进贡北方选手大王的南方选手领牌出单张,东方选手出参谋8顶出北方选手大王,然后东方选手出炸弹4444压制北方选手,在开局阶段就展示出强牌的信号。随后东方选手出单张K,目的是消灭对手的单张大王或者单张参谋8，或者进一步展示强牌信号，让搭档择机上手出牌。北方选手出参谋8拦截，西方选手不出牌，因为只有一个大王，而且牌力一般，所以不轻易出大牌。南方选手不出牌，东方选手出小王，其他三方不出牌。东方选手判断搭档西方选手有单张大王，所以继续出单张K，让搭档知道他故意拆双张KK出单张，希望搭档上手出牌，他做掩护。北方选手判断东方选手是强牌，所以选择不出牌，避其锋芒。西方选手了解了搭档东方选手的意图，所以出参谋8上手出牌。其他三家不出牌。西方选手出99922，南方选手出10101077，东方选手不出牌，看看搭档西方选手是否还有大牌三带二继续出牌，北方选手出AAA1010阻击西方选手，希望打击对手牌力较弱的一方。西方选手不出牌，南方选手不出牌，东方选手用炸弹JJJJ压制北方选手。北方选手和南方选手不出牌，不与强牌争锋。东方选手出三带二33322，北方选手出QQQJJ拦截，西方选手顺过KKK1010，南方选手不出牌，东方选手不出牌，北方选手使用炸弹9999阻击，西方选手和南方选手不出牌。东方选手剩余11张牌，判断北方选手也剩余11张牌，都不需要申报剩余牌数，此时面临两个选择，一是使用同花顺炸弹压制北方选手，二是让北方选手出牌，出单张、双张、三带二，东方选手都有控制力牌型。如果北方选手的 11 张牌是一个同花顺炸弹、加一个顺子和一个单张的牌型组合，那么北方选手上手出五张顺子，他就冲刺上游位置了。所以，东方选手果断使用♥同花顺炸弹 109876 压制北方选手，随后申报手中剩余六张牌。其他三方不出牌。东方选手出单张小王，手中还剩余五张牌，双张参谋 88 和三同张 AAA。北方选手只有一个炸弹，所以选择不出牌。南方选手牌力一般，而且也不知道搭档北方选手需要什么牌型，所以也选择不出牌。西方选手知道搭档手中最后五张牌即使是一个炸弹，他也不会用大王去接牌。所以，东方选手出最后一手牌 AAA88，获得了上游。北方选手不出牌，因为西方选手手中还剩余 16 张牌，所以南方选手也没有使用炸弹上手出牌。西方选手出三连对 445566，并申报手中剩余 10 张牌，包括单张大王、单张参谋 8、双张 AA、QQ 和一个炸弹 7777。南方选手使用炸弹阻击，然后出单张小牌，让北方选手过一个单张，西方选手出参谋8，北方选手出同花顺炸弹，最后出一个顺子，获得了二游。西方选手凭借一个炸弹和双张AA上手，获得了三游位置。北方选手牌力和牌型也很好，只是牌力不如东方选手强。如果东方选手不及时用小炸弹4444压制北方选手大王，或者不用炸弹JJJJ压制北方选手AAA1010，或不用同花顺炸弹压制北方选手炸弹9999，那么北方选手只要能够及时处理一个单张或一个顺子，北方选手也有可能获得上游的位置。所以，超强牌选手一定要用最快的速度争上游，而且还要在争上游的过程中有效消灭对方选手的主力军，为搭档顺利前进创造良好的条件。

♠【思考题7】请列出北方选手的牌力和牌型分布，同时也推测出南方选手的牌型分布。

◆【思考题7参考答案】

> 北方选手出过单张大王（1点），一个炸弹9999（4点），三同张AAA（1点），后面还有一个同花顺炸弹（4点），牌力共10点左右。北方选手牌型有两个三带二AAA1010和QQQJJ，还有一个普通顺子。两个三带二牌型合计10

张牌,一个同花顺炸弹和一个普通顺子合计10张牌,还有一个炸弹4张牌,还有一个单张大王,还有两个单张。

南方选手先后出过两个小炸弹8点牌力左右,没有大王和小王,也没有三同张AAA和双张参谋88,也没有三连对,因为西方选手出过三连对,南方选手没有出牌压制。南方选手跟牌出过三同张101010,其他牌型不明确。总之,南方选手牌力较弱,牌型也一般,对北方选手的支持和配合力度不够。

2. 不打强牌定律

如果对方选手中的一方拥有超强牌力或强势牌力,而本方选手是强牌牌力或者一般牌力,就尽量不要攻击对方的强牌选手。超强牌就是炸弹多,牌型完整,出牌手数少。因此,本方选手要避其锋芒,不要跟强敌正面作战,而要保存实力。因此,要善于观察对方强牌或者超强牌选手出牌的节奏和控制牌的力度,比如对方选手就是炸弹多，牌型完整，而且摆出一副咄咄逼人的争上游态势，在开局阶段就频繁使用王牌和炸弹掌握出牌的控制权。这个时候，本方选手和搭档都要保持冷静，争取放过超强牌选手，而要集中牌力共同去阻击另一个对方选手，避免双下的不利局面。案例50中，东方选手拥有超强牌力和完整牌型，其拆双张KK出单张，就是为了吸引对方出王牌和大牌，同时支持搭档西方选手上手出牌，否则西方选手7点牌力可能就变成下游了。

【案例51】北方选手，单张小王、单张♥参谋8、三同张AAA、KK、♥Q、♥J、1010101010（含♥10）、♥9、♠7、66、555、4444、33。牌力13点，包括两个四同张炸弹和一个♥同花顺QJ1098炸弹，牌型完整。出手牌数八，上手牌数四个。南方选手，双张参谋88、A、KKK、QQQQ、1010、999、77、6、555、33、2222。牌力9点，两个炸弹和双张参谋。西方选手，双张大王、单张♥参谋8和双张参谋88、AA、K、Q、JJJ、10、777、66666、444、3、22。牌力11点，包括两个炸弹、双张大王和双张参谋88。东方选手，单张小王、双张参谋

88、AA、KK、QQ、JJJJ、9999、77、55、4、333、22。牌力 10 点，包括两个炸弹、双张参谋 88 和一个优势牌型。

北方选手和南方选手双进贡后，北方选手领牌出单张♠7，这是强牌信号（双下出单张、上游响当当）。西方选手出单张 A，南方选手不出牌（希望搭档多出牌），东方选手不出牌，北方选手出小王，西方选手出大王，其他三方选手不出牌。西方选手出单张♥3，南方选手出♣6，东方选手出参谋 8，其他三方选手不出牌。东方选手出 55，北方选手出 KK，西方选手出参谋 88，南方选手出炸弹 2222，其他三方选手不出牌。南方选手转换出三带二 55533，东方选手不出牌，北方选手出 AAA33，西方和南方选手不出牌，东方选手出炸弹 9999 阻击，北方选手出炸弹 10101010 压制，东方选手出炸弹 JJJJ，南方选手出炸弹 QQQQ 压制，西方选手出炸弹五同张 66666，其他三方选手不出牌。西方选手出双张 22，南方选手出双张参谋 88，申报手中剩余 10 张牌，其他三方选手不出牌。南方选手出 99977，东方和北方选手不出牌，西方选手出♥参谋 8 配 777 炸弹阻击，其他三方选手不出牌。西方选手出双张JJ，南方不出牌，东方出双张QQ，北方选手出炸弹4444，申报手中剩余10张牌。其他三方选手不出牌，北方选手出三带二55566，西方选手没有牌力拦截了，南方选手出最后一手牌KKK1010，获得上游，北方选手出同花顺炸弹获得二游。

北方选手在双下进贡的情况下领牌出单张，说明他牌力较强，有争上游的实力，同时告诉搭档要支持配合。而东方选手没有读懂北方选手出牌信号，用炸弹9999阻击北方选手打出的AAA33，被北方选手打出的炸弹10101010压制，应该说北方选手进一步展示强势牌力，东方选手接着出炸弹JJJJ压制北方选手，南方选手接着出炸弹QQQQ压制东方选手，体现牺牲自己的精神。西方选手知道北方选手牌力较强，所以用炸弹五同张66666压制南方选手，希望打击较弱的一方。如果东方选手和西方选手联合压制南方选手，还是可以做到的，结果东方选手与实力强劲的北方选手较量损失了宝贵的炸弹资源，后来出现北方选手和南方选手获得上游和二游的双升局面。

3. 强牌弱打定律

如果本方选手拿到了超强牌力或者强势牌力，即炸弹多、王牌和参谋多、牌型完整、出牌手数少，就要争取在争上游的过程中有效消灭对方选手的王牌、炸弹和优势牌型。所以，超强牌选手在开局阶段可以适当示弱，不要急于展示强势牌力，而要观察对手的牌力，争取吸引对方打出王牌，用小炸弹引诱对方使用较大的炸弹。《孙子兵法》说，"兵者，诡道也；故能而示之不能，用而示之不用""攻其无备，出其不意"。

本方选手运用强牌弱打策略，也让搭档有了出牌的机会，可以借机观察搭档的牌力和牌型情况。如果本方选手急于展示自己的强势牌力和优势牌型，可能就没有观察搭档展示牌力和牌型的机会了。所以，强牌弱打一方面为了吸引并消灭对方选手主力，另一方面也是给搭档展示牌力和牌型的机会。如果搭档牌力也强，就一起努力获得上游和二游的双升局面。如果搭档牌力一般，就适当支持和配合搭档，避免搭档被对方选手合力阻击成为下游。案例 50 中，东方选手如果不出单张 K，就只能出最小的三带二 33322，然后用 AAAKK 收回来，手上就剩余两个炸弹和单张小王与双张参谋 88，全都是大牌，可能就没有机会支持搭档上手出牌，也可能没有机会吸引并消灭对方选手主力（如北方选手的炸弹 9999 和三同张 AAA）。

4. 保持牌型完整定律

一个重要的组牌口诀是"牌要组的好，出牌手数（次数）少"。组牌策略就是选手要尽量多组建完整牌型，包括三带二、顺子、三连对和钢板等五张及以上的完整牌型，这样不但出牌手数少，而且跑得快。即尽量减少手中的单张或者双张牌型的数量，如果手里的单张小牌和双张小牌数量超过 3，前进的速度就不会快。有时候甚至拆散炸弹也要组建比较完整的牌型。比如牌型 10、9999、8、7、6、33。如果不组建 109876 顺子，那么 10、8、7 和 6 四张单牌就很难跟出去。比如牌型 77、66、5555、44、33。如果不组建 334455 和 556677 三连对，那么双张 77、66、44 和 33 双张牌型就很难跟出去。如果牺牲自己，配合搭档出牌，那是另外一种出牌策略。

本方选手拥有由大牌组成的完整牌型，在防守下家出牌的过程中尽量不拆散手中的完整牌型。比如完整牌型 AAKKQQ、AAAJJ 或者 AKQJ10，如果拆散完整牌型，也可能挡住下家顺过单张或者双张，但是自己手中的牌型优势就没有了，关键时刻该选手既不可能拿到出牌权，也无法阻击对方选手出的完整牌型。因此，防守选手要保持牌型完整，特别是要保持优势的完整牌型，一旦拆散完整牌型，几乎等于牺牲自己。

5. 用好炸弹定律

一般情况下，一副牌分发下去，每个选手平均有两个炸弹。炸弹是稀缺的重型武器，尤其是核武器级别的大牌同花顺、六同张和四大天王。所以，如何用好手中的炸弹特别重要。俗话说，"好牌（强牌）要用好，不然没好报"。根据掼蛋比赛规则，上游选手可以吃一张贡牌，下游选手要进贡手里最大的单张牌，所以好牌没有用好，是要受惩罚的。连续出现强牌或者超强牌的概率比较小，所以选手要特别珍惜拿到强牌和超强牌的机会。

第一，炸弹打炸弹。炸弹是4点，4点打4点，最为经济有效。如四同张6666炸弹压制四同张5555炸弹或者压制四同张4444炸弹，有人把这种牌值紧连的炸弹称为贴地皮炸弹，使用效率很高。

第二，炸弹炸双张大王和双张小王。双张大王牌力2点，但是既可以控制单张，又可以控制双张，牌力仅次于炸弹。如果把两个大王分开出单张，可以获得两次出牌权，如果两个大王一起出，只能获得一次出牌权。所以用炸弹炸双张大王，非常合理有效。如果本方选手炸弹多，对方选手一起出双张小王也可以使用炸弹。

第三，炸弹阻击具有较强控制力的双张参谋88、三同张AAA及由大牌组成的完整牌型。双张参谋88和三同张AAA都是具有较强控制力的牌型，是双张（王牌除外）和三同张（三同张参谋888除外）中牌值最大的牌型，所以值得使用一个炸弹阻击。如果本方选手炸弹多，也可以使用炸弹阻击对方选手出的由大牌组成的其他完整牌型，包括AAAKKK、AAKKQQ、AKQJ10等牌力分值1点的牌型。

第四，不能空放炸弹。炸弹多，一定要有效和持续打击对方选手手中的强势牌力和优势牌型,在争上游的过程中争取消灭对方选手的主力部队,绝不能让一个以上的炸弹空放。

【案例52】单张大王、QQ、9999、7777或双张参谋88、三同张AAA、6666、5555。两个炸弹在手里,而且还有其他控制力强的牌型,所以容易导致炸弹没有用武之地,造成炸弹空放,浪费了炸弹实力。所以,小炸弹要提前打出去。如果搭档出手就是大炸弹,那么本方选手更要先于搭档把小炸弹打出去,让搭档保留更大的炸弹去阻击对手。

案例50中东方选手拆散双张KK,出单张K,就是为了吸引对方主力,有效使用手中的三个炸弹。否则小王上手后出一个小三带二33322,用一个大三带二AAAKK收回,手中剩余两个炸弹(炸弹JJJJ和♥同花顺98765)、单张小王与双张参谋88,容易造成炸弹空放和王牌参谋等大牌实力浪费。

6. 不必打牌型定律

实战中主要有以下几种防守选手不必打的牌型定律。

一是四张牌不必打定律。就是对方选手手中只剩余四张牌的时候，本方选手不要用炸弹或者顶级大牌阻击他，因为四张牌是炸弹的概率比较大。如果对方选手剩余四张牌是炸弹，本方选手是无法阻击他出牌的，无论本方选手出什么牌型，对方选手都可以使用炸弹。如果对方选手剩余四张牌不是炸弹，那么他也不可能一次性把牌出完，只要观察他下一步出什么牌型，再考虑如何阻击和防守他就行了。

一个例外情况就是本方选手已经具备冲上游的强势牌力和完整牌型，而且手中剩余牌也不超过10张，如本方选手手中10张牌是一个♥同花顺炸弹98765和一个三带二99955完整牌型，只有两手牌。这种情况下，本方选手要率先打出同花顺炸弹，先于对方选手争取上游的位置。

二是八张牌不必打定律。俗话说，"打七不打八"。如果对方选手手中剩余七张牌，可能是两手牌，本方选手可以用炸弹或者大牌及时阻击。如果对方选手手中剩余八张牌，一般是三手牌的可能性较大，所以可以先让他出一手牌，看看他的牌型。如果对方选手八张牌是两个炸弹，即两个四同张炸弹，参照不打四张牌定律，防守方也不必阻击他。除非本方选手炸弹多，而且判定对方选手8张牌不是两个炸弹，比如是521和422牌型，才可以阻击对方选手冲上游。

三是十张牌不必打定律。俗话说，"打九不打十"。九张牌是两手牌的概率大，如一个四同张炸弹加一个三带二或者五张顺子牌型。四同张炸弹比五同张炸弹或者同花顺炸弹威力小一点，容易阻击对方选手冲上游。十张牌就不同了，五加五概率较大，可能是一个五同张炸弹或者同花顺炸弹，加一个三带二或者五张顺子牌型。如果对方选手是强牌选手且最后剩余十张牌，一般不要阻击他冲上游，他可能还有一个大炸弹断后。除非本方选手具有两个炸弹以上，而且必须具有一个顶级同花顺炸弹或者六同张炸弹能压制对手冲上游，否则不要阻击他。

【案例53】东方选手剩余10张牌，一个♥同花顺QJ1098和一个三带二KKK77。南方选手剩余10张牌，单张大王、双张AA、四同张炸弹JJJJ和三同张666。北方选手剩余14张牌，一个顶级♠同花顺AKQJ10、一个四同张炸弹9999和一个普通顺子76543。东方选手具有一个同花顺炸弹和一个三带二牌型，可以冲刺上游的位置。南方选手虽然拥有一个四同张炸弹，但是很难阻击东方选手冲上游。只有北方选手有实力阻击东方选手，而且可以连续出完手中牌问鼎上游。如果东方选手出单张大王或者双张参谋88拿到出牌权，北方选手使用四同张炸弹9999阻击，接着东方选手出同花顺炸弹反击，那么北方选手使用最大同花顺压制东方选手，最后出顺子获得上游的位置。当然，在中场阶段后期还能拥有北方选手这么强实力的牌型比较少见。

四是不打上家定律。俗话说，"上家打我应该，我打上家不该"。本方选手的职责主要是放上家、管下家。上家出牌，本方选手可以跟牌，如果上家出完整牌型，自己拦截不住，还有对门搭档最后站岗防守。俗话说，"枪打第一夯（三带二）或者第一顺"。就是说下家出的完整牌型，对门搭档接不住，本方选手作为最后的防守方可以选择炸弹阻击，然后出自己的优势牌型或者转换出搭档需要的牌型。要求是炸下家出的第一个完整牌型，否则下家还会继续出这类完整牌型，因此防守方要及时果断出手阻击对方选手。当然，如果防守方是弱牌牌力，没有实力站岗防守，一般不会轻易使用手里唯一的炸弹去阻击对方选手，同时也让搭档知道自己的牌力较弱，不能对自己寄予厚望。

一个例外情况是本方选手的牌力非常强，炸弹多、牌型完整、出牌手数少，不仅可以轻松争上游，而且炸弹还有富余。所以，这种情况下超强牌选手要用炸弹炸上家的单张大王、双张参谋及大牌组成的优势牌型。如果上家用炸弹阻击搭档出牌，那么本方选手一定要用更大的炸弹压制上家，同时向同伴展示自己拥有超强牌力，希望搭档借力上手出牌，争取获得更好的二游或者三游位置。

不打上家还有一种例外情况，就是本方选手牌力一般，没有争上游的实力，但是上家牌力较强，而且出的牌型自己和对门搭档都接不住，这时候本方选手可以使用炸弹阻击上家，送出搭档出过的牌型或者搭档需要的牌型，牺牲自己支持搭档争上游。

第十二讲
掼蛋文明礼仪

一张方桌，四个牌友，一边喝茶，一边掼蛋。学习打掼蛋并不难，掼蛋不仅趣味大、变化多，而且容易上瘾，特别是初级选手，喜欢找人切磋牌技。江苏和安徽很多地方流行一句话："吃饭不掼蛋，等于没吃饭；吃饭也重要，掼蛋更重要。"

平时朋友们一起掼蛋，以娱乐为主，对掼蛋文明礼仪要求不多。现在一些省市体育主管部门开始组织区域性掼蛋比赛，有的电视台还设立了掼蛋比赛节目，还有一些知名企业和行业商会也组织会员掼蛋比赛，参加人数多达几百人。无论是正规比赛，还是平时打牌娱乐，希望喜欢掼蛋的牌友们了解一些基本的掼蛋文明礼仪，既可以减少打牌误会、不伤牌友和气,又有助于推动掼蛋运动走上文明、健康、快乐的发展道路,愈走愈远,愈走愈宽。

1. 基本规范

首先,要了解掼蛋的一些基本规则,包括下游洗牌、上游切牌,按照逆时针方向顺序抓牌、理牌和出牌,下游进贡最大的牌、上游还小于10(含10)的牌,进贡的下游先出牌,抗贡的情况下上游先出牌。领牌方出牌,其他选手跟牌必须与领牌方出的牌型一致,如领牌方出双张,其他选手只能跟牌出双张。

其次,要掌握打牌的一些基本规范,包括上家出牌后本方选手选择跟牌或者不出牌,跟牌尽量轻轻把牌放到桌面上,不要重重地放到牌桌上,更不能摔牌。如果选择不出牌,可以轻轻说不要,或者用食指和中指轻轻敲打桌面表示过牌。不要说话影响搭档或者对手的判断和出牌,更不要说话指挥搭档出牌或不出牌。一旦把牌放到桌面上,选手就不能反悔或者收回重新出牌,就像下棋的规则 ——落子无悔一样。

最后，打牌要心平气和，不要情绪激动，无论输赢都要坦然接受。掼蛋一般是几个朋友一起打的娱乐牌，所以要把输赢看淡一点。特别要尊重搭档，不管他是新手还是老手，不管你们是初次配合，还是熟悉的牌友，互相理解和信任是十分重要的。此外，还要尊重对手，平等地看待对手，尤其对手是新手时，不要自恃牌技高强就居高临下、颐指气使，更不要出口不逊、语言伤人，破坏了打牌的娱乐氛围。

2. 语言文明

掼蛋是双打配合的游戏，本方选手和搭档之间的配合非常重要，一副牌中根据牌力和牌型来确定谁是主攻和主角，谁是助攻和配角。选手主要根据搭档在开局阶段和中场阶段的出牌信号来判断搭档的牌力和牌型，同时也要考虑对方选手的牌力和牌型组合，因此，本方选手和搭档需要关注与理解相互之间的出牌信号，否则会出现各自为战、各打各的不利局面，也会出现对搭档出牌信号关注不够和理解不透带来的模糊局面。因此，有的选手就想通过说话来打探搭档的牌力和牌型，或者通过语言来影响和指挥搭档的出牌。

语言文明和比赛规则都要求选手不能通过说话来影响搭档出牌或者不出牌，更不能用语言来指挥搭档的出牌牌型或者阻击对方选手。语言文明也包括选手之间不能传递模糊性语言信号或者暗示，比如本方选手牌力较强，就发出亢奋有力的"嗯嗯"的声音，牌力较弱就发出"喷喷"的声音；如果对方选手下家出牌的牌型正好是自己需要的牌型，本方选手就故意发出喜悦的声音来暗示搭档不要跟牌或者顺过小牌，这样自己就能顺过小牌或者接牌；如果下家出牌的牌型不是自己能够防守的牌型，本方选手就发出为难或者软弱的声音来暗示搭档可以跟牌或者阻击对方选手等。

所以明确的语言信号或者模糊性的语言暗示都是不文明的表现，而且容易影响搭档独立思考和发挥出牌技巧。在开局阶段，有的选手会说"我们必胜"来展示优势牌型；在收官阶段，有的选手会说"没有大王了"，或者"没有炸弹了"，来提醒搭档出牌。上述明确的语言信号，不仅会影响搭档出牌，还会干扰对方选手的判断和出牌，在正式比赛中也是不允许的。

当然，牌友之间的正常交流、温和调侃，只要不直接影响牌局的输赢，也是可以的。平时打牌，牌友之间的交流或者调侃也是难免的事，希望选手之间能够多一些尊重和包容。

一副牌打完之后，牌友之间的复牌总结是值得鼓励的，本方选手和搭档对一副牌中的经典打法和配合默契给予肯定与表扬，对互相理解不够或者配合不到位的地方进行总结与反思，希望今后不断改进和提升打牌技巧，这是初级选手晋升为中级选手和高级选手的必经之路。总结是提升的基础，反思是减少再次出错的修炼。

3. 行为文明

正式掼蛋比赛一般会用挡板遮挡选手和搭档之间的视线，不允许语言交流，也不允许行为交流，包括手势和面部表情交流。

在摸牌过程中，选手不能把手中的牌亮到桌面上，有的为了展示强牌，比如大王、♥参谋或者炸弹等，也不能把小牌放在桌面上暗示牌力较弱。

在出牌过程中，选手不能提前抽牌或者暗示有对方选手出的牌型，比如对方选手下家出三带二，选手提前把五张牌抽出来，暗示搭档自己可以顺牌。选手不能出牌过早，越过搭档或者上家出牌，比如下家出大王要上手出牌，选手越过搭档和上家直接用炸弹接牌。选手不能用手中牌的背面组合来暗示搭档送牌，比如选手希望搭档出双张，自己就把两张牌单独抽出来。

有的选手通过面部表情或者身体姿势来传递信号，比如下家出的牌型正好是自己的强牌，选手就面露喜悦的表情或者身体向前倾斜，暗示搭档自己可以顺牌或者控制对方选手的牌型；如果下家出的牌型自己比较为难，选手就会面露悲哀的表情或者把身体往后靠，暗示搭档要出手阻挡对方选手继续出牌。

掼蛋规定每个选手手中剩余牌数少于10张（含10张）时就要主动申报手中剩余牌数，便于对手更好地防守。一般选手不会提前申报剩余牌数，经常出现的情况是选手忘了主动申报手中剩余牌数，结果被对方选手诟病。还有就是选手申报剩余牌数之后，对方选手没有记住，还会继续追问剩余牌数，容易招致选手反感，因为比赛规定是选手主动申报一次，之后选手可以不报剩余牌数。

当然，只要不是正规的比赛，遇到上述情况，牌友之间友善提醒或者劝阻一下就可以了，不必出言不逊或者攻击对方人品，以免破坏打牌氛围或者影响牌友之间的友谊。

4. 包容差异

掼蛋是一个娱乐平台，也是一个交友平台，通过打牌配合互相了解，促进交流，增进友谊。掼蛋的娱乐性让打牌选手们心情舒畅，有益于身体健康。同时掼蛋也存在一定的竞争性或者竞技性，双方选手都喜欢赢得牌局，都想追求获得胜利的喜悦。牌局总有输赢，一局牌只能有一个赢家，一场比赛只能有一个冠军。

掼蛋牌友之间的交流与配合总会存在一些认知差异，有时导致牌友之间交流不畅、沟通误会或者信任不够，容易产生矛盾或者相互批评指责。希望广大牌友能够正确认识牌友之间的沟通与理解存在差异是正常的，是不可避免的，也是客观存在的。

第一，掼蛋虽然流行了一段时间，掼蛋比赛规则于2017年由国家体育总局棋牌管理中心审定发布，但是一些标准与规则还不够完善，包括强牌与弱牌的牌力计算还没有出台统一的标准与方法，因此牌友们在判断手中牌力是否强劲、是否能够担当主攻角色等问题上存在认知差异。所以，本书希望广大牌友们在组牌阶段能够比较准确地计算自己手中的牌力与牌型，从而能够比较清晰地定位自己是主攻角色还是助攻配角。

第二，选手与搭档在出身背景、成长经历、思维方式及打牌技巧等方面可能存在一定的差异，或多或少地会影响他们对掼蛋的战略战术、对牌局形势的判断及在实战中的角色定位与沟通配合，所以牌友与搭档之间的关注、交流、理解与配合等方面存在一定的差异与不足是完全正常的，也是不可避免的。

第三，选手们的打牌风格及打牌心态上的变化，有时也会造成牌友与搭档之间的沟通与配合存在一定的差异。古代君王识人用人也经常采取不同的场景来观察人和考验人，包括观察他们的写作水平、饮酒风格与下棋心态等，就是考验他们的文风、酒品及下棋的思维方式。应该说上述这些风格没有简单的好坏之分，而是看如何在不同的时间、空间与场合上发挥他们的作用。

有的选手是冲锋型的，喜欢正面进攻，喜欢实力比拼；有的选手是保守型的，不轻易暴露实力，喜欢保存实力；有的选手是稳中求进型的，有实力就争取与对方选手搏杀，力争上游的位置，如果实力不足，就多观察敌我双方实力情况，一旦发现搭档有实力问鼎上游，自己就全力以赴支持搭档争上游。

心态不一样，选手们打牌的定位、策略与节奏也会不一样。新手们往往获胜心切，拿到强牌就会心潮澎湃、喜形于色，而且喜欢冲锋陷阵，直接与对方选手正面搏杀，策略与技巧就会少一些，打牌节奏也会简单一些，容易遭到强牌对手的伏击与诱杀。老牌友们一般会冷静观察对方选手与搭档的牌力牌型，即使拿到强牌，也会故作镇静，不会轻易让对方选手察觉，一方面要思考如何用强势牌力去争上游，另一方面要择机拿强牌去消灭对方选手的主力军，为搭档顺利摆脱对方选手的围追阻击创造有利的条件。高手们打牌不管拿到强牌还是弱牌，都会心态平和、认真应对，争取把手中的牌打好。

所以，无论是新手、老手还是打牌高手，都会与搭档在交流、沟通、配合等方面存在一些差异，既有主观认识的因素，又有客观背景的因素。希望牌友们尽量选择熟悉的朋友做搭档，选择水平相差不多的牌友做搭档，选择心态与风格相近的牌友做搭档。

5. 牌场修行

人非圣贤，孰能无过。打错牌是正常的，牌友与搭档之间的沟通与配合存在失误也是正常的。因此，无论是自己打牌出现失误还是牌友配合不够，可以在打完一副牌之后复牌交流，对牌不对人，要心平气和，要善于控制情绪，不能简单地批评或者指责对方。拿破仑说过："能控制好自己情绪的人，比能拿下一座城池的将军更伟大。"所以，把打牌当作人生中的修行，在掼蛋中学会尊重搭档与对手，学会控制好自己的情绪，学会理解搭档和对手。

打好掼蛋牌不仅强调实力的比拼、攻防的技巧，更重要的是考验牌友们的心态。不管是一副强牌（好牌），还是一副弱牌（烂牌），良好的心态使选手能够保持清醒的头脑，在开局阶段沉着冷静地观察搭档和对方选手的牌力强弱，在中场阶段记住搭档和对方选手的出牌信息，总结双方交战的优势与劣势，准确地判断搭档与对方选手的牌力牌型，在收官阶段更要通过记住对方选手出过的大牌与牌型，来测算对方选手手中剩余的牌力与牌型情况，冷静和理性地应对各种复杂牌型，争取配合搭档获得最好的比赛结果。孙子云，知彼知己，百战不殆；知己而不知彼，一胜一负；不知己也不知彼，每战必殆。

现代医学研究成果证明，怒发冲冠容易让人心脏跳动加快、血气快速涌入头部，容易引起高血压或者心脏病，所以年轻新手不要轻易批评中老年牌友，中老年牌友也不能因为好胜心强而忘记自己的年龄和基础疾病。掼蛋的娱乐是一定要建立在身体健康的基础之上的，一定不能以牺牲身体健康来换取一时的娱乐。

新手们喜欢与经验丰富的老牌友打牌，初级选手们喜欢寻找高手们过招学习。老同志们也要高风亮节，有时选择新手做搭档，以自己丰富的经验带一带新手。高手们也要选择一些初级和中级新手做搭档，在实战中培养和提升他们的掼蛋策略与技巧。

掼蛋不仅会展示一个人的修养，还会提升一个人的修行。现在很多地方出现了学习掼蛋和组织掼蛋比赛的热潮，学习掼蛋的牌友有年轻的白领、蓝领，有退休的干部、职工，还有在职的企业老总和大学教授，一些地方的党政领导有时也会陪同来访客人切磋一下掼蛋牌技。学习掼蛋的时间有长短，打牌的策略技巧有高下，记牌算牌能力有强弱，抓牌手气有顺与不顺，这些都是掼蛋中经常出现的情况，也是十分正常的情况。因此，不管出现什么情况，牌友们都不要伤了和气，不要失了风度，要多一份理解与信任，多一份容人雅量与胸怀，不仅要做到以牌会友，还要做到以人会友。

6. 适当注意防沉迷

对掼蛋有一定的爱好是正常的，利用业余时间约人打牌、切磋技艺、研究策略、探讨经典案例等，也是正常的现象。但是过度沉迷于打牌，包括长时间打牌、熬夜打牌、酗酒后打牌等，都是不利于身体健康的，特别是患有基础疾病的中老年牌友。高频次约人打牌，不仅会影响牌友正常的休息时间，而且可能会影响到年轻牌友们的工作与家庭。所谓物极必反，凡事要有度，就是要适度和量力而行的意思。年轻朋友们千万不能因为沉迷于打牌而影响牌友们的休息、学习、工作和家庭。

总之，掼蛋是娱乐的平台，是交流的平台，也是展示修养和提升修行的平台。因此，赢得牌局虽然重要，但是遵守打牌文明礼仪、展示良好修养也十分重要。希望广大牌友共同努力，一起推动掼蛋成为文明友善、健康快乐的全国性大众文化体育运动。

附件一：常用掼蛋术语

1. 本方和搭档

比赛由四名选手组成两队搭档进行。由本方（本家）与搭档（对门）组成己方，由另一对选手（上家与下家）组成对方。

2. 一副牌（一把牌）

一副牌是指四名选手从抓牌、打牌到出牌结束，并由此产生上游、二游、三游和下游的全过程。如果是打成"双升"（即同一方的两名选手分别获得上游和二游的位置）时，对方两名选手则不用再出牌了，一副牌就提前结束了。

一局牌是由若干副牌组成的，是从2升级到A的全过程。

3. 一圈牌

四名选手先后按照领牌方出的牌型相继出牌,直到有一方出牌后,另外三方不出牌时,一圈牌结束。一副牌由若干圈牌组成,一圈牌由若干手牌组成。

4. 一手牌

每个选手出一次牌就称为一手牌,可以是单张、双张、三同张、四同张炸弹、五张(包括三带二、顺子)和六张(三联对、钢板)等牌型。每个选手手中27张牌分多少次出完,就是多少手牌。出牌手数越少,出的牌数量就越多,跑得就快。

5. 领牌方

在出牌过程中拿到出牌权之后开始出牌,该选手就是领牌方(即领先出牌的),其他选手跟着出牌就是跟牌方。每局牌第一副牌的第一圈牌的领牌方是由抽签方式决定的,以后每副牌第一圈牌的领牌方是向上游进贡的下游选手。

6. 牌值

牌值是一张扑克牌的数字值。按照牌的数字值，牌大小顺序分别为大王、小王、参谋、A、K、Q、J、10、9、8、7、6、5、4、3、2等。

7. 参谋（百搭）

当所打级数为X时，与所打X相同数字的所有花色的牌都是本副牌的参谋。它们的牌值比大王和小王小，但大于A。打A时，A就是参谋。

当级数为X时，♥X可作为万能牌配用，称为♥参谋，俗称百搭。♥参谋可以配成任意牌型和花色，但不能跟大王和小王配。♥参谋优先配成炸弹，其次配成顺子和三带二，出牌效率高。

8. 升级

只有获得上游位置的一方可以获得升级奖励。掼蛋比赛每局第一副牌都是从2开始，每副牌结束时根据上游选手的搭档获得二游、三游和卜游的位置等不同情况，给予上游方不同的升级奖励。如果上游选手的搭档获得了二游的位置，称为双升，则上游方获得升三级的奖励；如上游的搭档获得了三游的位置，上游方则可以升两级；如上游的搭档获得了下游的位置，上游方则可以升一级。

9. 双升和双下

每一副牌中第一个把手中牌出完的选手是上游。依此类推，第二个出完牌的选手是二游，第三个出完牌的选手是三游，最后一个出完牌的或者三游出完牌之后还没有出完牌的就是下游。如果同一方两名选手分别获得上游和二游的位置，该方就是双升，可以升三级，而对方两名选手分别获得三游和下游位置的就是双下，双下的两个选手都要进贡。

10. 牌局输赢

每局牌双方选手都是从 2 到 A 的升级过程，包括 2、3、4、5、6、7、8、9、10、J、Q、K、A、过 A（也称 A+）共 14 个级数。一方选手率先通过 A 级，就算赢得本局牌。

其中打 A 级时该方两名选手分别获得上游和二游的位置或者上游和三游的位置才能算顺利通过 A 级。

打 A 级时一方两名选手分别获得上游或者下游位置的，不能算通过 A 级，该方选手就继续打 A。如果该方选手连续三次不能顺利通过 A 级，就要返回原点从 2 开始继续打牌。

11. 贡牌与还牌

一副牌的下游需向上游进贡一张牌，进贡的牌必须是自己手中最大的牌（♥参谋除外）。接受进贡者需将自己手中的一张牌还给进贡者，还牌必须是 10 以下（含 10）的牌。如果参谋是 10 以下的牌，不能作为还牌给下游。

12. 双贡与抗贡

当一方两名选手分别获得三游和下游的位置，就是双下，该方两名选手都应向上游和二游选手进贡，称为双贡。上游必须选择两张贡牌中最大的一张牌，进贡最大牌的选手在一副牌中的第一圈可以领先出牌。

抗贡是下游选手同时抓到两张大王，则可以拒不进贡，由上游选手领先出牌。如果应进贡的两名选手在抓牌时同时抓到两张大王（包括一名选手抓到两张大王或者两名选手各抓到一张大王），则都可以拒不进贡，由上游选手领先出牌。

13. 借风出牌

当上游选手出完最后一手牌后，其他三方选手选择不出牌（即无人压牌），则由上游的搭档领先出牌，称为借风。

14. 10张报牌

每名选手在打完一手牌后手中剩余牌数少于10张（含10张）时，需要主动申报手中剩余的牌数，称为10张报牌。每副牌每个选手只申报一次手中剩余的牌数。

15. 牌型

普通牌型是单张、双张和三同张三种牌型，又称分散牌型。

完整牌型是由五张和六张牌组成的牌型，包括三带二、顺子、三连对和钢板四种牌型。

优势牌型是由大牌（AKQJ）组成的完整牌型，包括三带二、顺子、三连对和钢板四种牌型。优势牌型具有一定的控制力，即具有一定的牌力。

强势牌型是具有强大威力的炸弹牌型，包括四大天王、六同张及以上炸弹、同花顺、四同张炸弹等特殊牌型。

16. 炸弹

炸弹是由 4~8 张相同牌值的牌组成的牌型，包括四同张、五同张、六同张、七同张和八同张。如果加上两张♥参谋，可以配成 10 同张的炸弹。炸弹还包括四大天王和同花顺两种炸弹牌型。炸弹可以压制其他任何普通牌型和完整牌型。

17. 顺子

顺子是由五张连续的单张组成的牌型，注意顺子只能是五张，不能多也不能少。

18. 同花顺

同花顺是由同一花色的五张连续的单张组成的牌型，注意最大的同花顺为 AKQJ10，最小的同花顺为 5432A。同花顺炸弹比五同张炸弹的威力大，即是五张牌组成炸弹中最大的。

19. 四大天王

四大天王是由两张大王和两张小王组成的牌型，是最大的炸弹。例外的情况是♥参谋不能与大王和小王配成炸弹，也不能配成双张或者三同张一起出。

20. 牌力

牌力是每个选手手中 27 张牌的总体实力，但不是每一张牌都具有牌力，只有特定的牌型才具有牌力，包括王牌、参谋、由大牌组成的优势牌型及炸弹牌型。

21. 牌力分值

针对不同的牌型赋予不同的牌力分值，一个炸弹的牌力分值是4点，单张大王的牌力分值是1点，双张小王或者双张参谋的牌力分值是1点，由大牌组成的优势牌型分值都是1点（包括AAA、AAKKQQ、AAAKKK、AKQJ10等完整牌型）。牌力分值主要是按照在出牌活动中每个牌型获得出牌权的能力大小确定的，如炸弹可以压制其他任何牌型，所以分值最高。其他几种牌型具有1点分值，是因为他们能够在同一种牌型（包括单张、双张、三同张、五张及六张牌型）出牌过程中能够获得一次出牌权。

22. 强牌

强牌是牌力分值在12点以上（含12点），同时具有完整牌型或者优势牌型的牌力情况，也包括牌力分值在16点以上的超强牌。强牌一般要求有两个以上的炸弹和两个以上（含两个）的完整牌型。强牌一般具有争取上游位置的实力。

23. 弱牌

弱牌是牌力分值在6点（含6点）以下的牌力情况，

一般包括具有一个炸弹和没有炸弹两种情况。

24. 一般牌力

一般牌力是牌力分值在 7 点到 11 点的牌力情况，一般包括一个或者两个炸弹，以及有一定控制力的其他牌型。一般牌力可以争取二游或者三游的位置，也可以支持搭档争取上游的位置。

25. 组牌

组牌就是选手对手中 27 张牌进行分配与组合，把有限的牌力分配好，争取多组合一些完整牌型，减少出牌手数，增加上手牌数。

在组牌阶段，选手要根据自己的牌力和牌型，确定自己在本副牌中的角色定位。牌力强的要担当主攻角色争上游，牌力一般的或者较弱的要甘当助攻角色，主动配合搭档争上游。

26. 出牌手数

出牌手数是选手在一副牌中多少次出完手中的 27 张

牌，即出完所有牌的次数。出牌手数少说明牌型完整，出牌手数多说明牌型分散。强牌一般不超过 9 手牌，超过 12 手牌就是弱牌。

27. 上手牌

上手牌是选手手中能够获得出牌权的牌型数量，包括炸弹、王牌、参谋和由大牌组成的完整牌型。上手牌的数量与牌力紧密相关，上手牌的数量多，说明牌力强，上手牌的数量少，说明牌力弱。上手牌的数量如果少于 2，就是弱牌，上手牌的数量如果超过 5（包括两个炸弹），就是强牌。

28. 开局

一副牌可以划分为开局、中场和收官三个阶段。开局阶段就是选手出完手中第 1 张到第 7 张牌的阶段。开局阶段是初步展示实力与优势牌型的阶段，同时也是侦察对方选手及搭档牌力与牌型的重要时间窗口。

29. 中场

中场阶段是选手出完第 8 张牌到第 17 张牌的阶段。中场阶段是双方选手展开攻势、比拼实力的主要战场。谁是强牌、谁具有争上游的实力，通过中场阶段的实力较量就可以得出判断了。

30. 收官

收官是一副牌出牌过程中任何选手手中剩余牌数等于或者少于 10 张的时候，该方选手要主动申报手中剩余牌的数量，即进入收官阶段。所以收官阶段就是选手手中第 18 张牌到第 27 张牌的阶段，即最后 10 张牌的攻防阶段。

31. 复牌

复牌是选手在打完一副牌之后对该副牌进行回顾和点评的阶段，包括己方选手与对方选手的攻防情况、本方与搭档的配合情况，特别是点评哪些牌出得好、哪些牌出得不好，期望今后本方选手与搭档继续扬长避短、不断改进和提高打牌的策略与技巧。

附件二：常用出牌口诀

1. 组牌阶段常用口诀

组牌策略争上游，角色定位要分清。

强牌定位是主攻，打得对手不轻松。

弱牌选手少妄动，择机行事记心中。

一般牌力是助攻，支持搭档往前冲。

百搭（♥参谋）优先配顺子，完整牌型少单张。

先配同花再配炸，多配中小不配大。

百搭配炸靠后打，关键时刻变牌型（变成三带二）。

助攻要留多牌型，送牌搭档可帮忙。

顺子多了有点累，单张多了活受罪。

完整牌型优先配，出牌手数不宜多。

牌力分布要均衡，上手牌数要计清。

主次定位最重要，出牌策略要服从。

2. 开局阶段出牌口诀

强牌出单张，示弱出双张（对子）。

有王出单张，无王出一双（对子）。

领牌出小夯（三带二），应该有大夯。

双下出单张，上游响当当。

进贡搭档可出单，进贡对手要出双。

双贡先出顺与双，尽量不出单与夯。

强牌就从小单起，等着搭档出双张。

开局阶段就用炸，搭档强牌不要怕。

3. 中场阶段出牌口诀

牌型谁打谁负责，责任一定要明确（谁打谁收）。

除单慎接搭档牌，能争上游才接牌。

炸弹要炸第一夯（或顺子），否则后面还有夯（或顺子）。

牌不好时学会让，让给搭档不上当。

封顺（夯）就要封到顶，不让对手是要领。

炸弹如小提前炸，留着搭档炸弹大。

对手牌多可以出，对手牌少要盯防。

强牌最后留炸弹，搭档借风第一桩。

搭档强牌要礼让，让他上游不用抢。

对手超强要避让，不能鲁莽争锋芒。

对手先炸同花顺，后面肯定有大炸。

合力打击另一家，下游位置留给他。

情况如不明，对子可先行。

干扰对手牌，就出三不带。

两个小单张，不出不健康。

牌力如一般，优先保搭档。

4. 收官阶段出牌口诀

五打二来六打三，打得对手把眼翻。

七张多为五一一，完整牌型是妙招。

八张多为五二一，不出单双要记牢。

九张当作五张打，如打五张就犯傻。

十打二来九打一，打成八张不着急。

对手七张或八张，可以正常打一夯（即三带二）。

拦截出大牌，阻击封到顶。

五张出对子，六张出三张。

打五不打四，打七不打八。

上家可出牌，下家要盯防。

弱牌做牺牲，搭档要先行。

强牌要稳健，搭档要借风。

牌力如一般，不急出大牌。

搭档有实力，择机来支援。

佯装争上游，诱敌出炸弹。

对手牌力弱，合力争双升。

后 记

牌技好的高手经常谦虚地说,打牌先有牌力,后有技巧,牌力占七成,技巧占三成。所以好牌(强牌)要打好,否则结果很糟糕。如果强牌选手打好牌争上游,不仅可以升级,还可以吃下游选手的贡牌,让下游选手压力更大。掼蛋是一个赢者通吃的游戏,争上游是每个选手的第一目标。初级选手经常分不清强势牌力与一般牌力的差别,把一般牌力当作强牌打,被强牌对手打得落花流水,结果在搭档需要他支持和配合的关键时刻,初级选手因没有牌力而选择躺平,放弃了配合搭档的责任和义务。

因此,初级选手要想成为掼蛋高手,需要学会以下几点。

首先，要学会计算手里的牌力和牌型，分清强势牌力与一般牌力的差别，才能在组牌阶段准确定位自己是主攻角色还是助攻角色。

其次，要学会计算出牌手数（牌型完整情况和小牌数量）和上手牌数量（炸弹和王牌、大牌数量），如果上手牌数量不够，或者出牌手数较多，也是很难获得上游位置的。特别是在中场阶段与对手反复较量之后，选手更要清晰地判断自己的牌力（上手牌数量）和牌型（出牌手数）是否还能够争上游，或者是否还有一定的牌力和牌型支持搭档争上游。

最后，也是最重要的，就是时刻关注搭档的牌力和牌型情况，优先支持搭档争上游，而不是只关注自己争上游。在开局阶段，只要没有足够的实力争上游，选手就要明确定位自己是助攻角色，在开局阶段要认真观察搭档的牌力和牌型，在中场阶段全力支持和配合搭档争上游，在收官阶段支持搭档突破对手包围。在自己没有实力争上游的情况下，初级选手千万不能忘记配合和支持搭档。

老子曰："知所先后，则近道矣。"围棋和桥牌选手非常强调先手与后手的重要性,掼蛋也一样,先出什么牌,后出什么牌,是大有学问的。初级选手要想晋升为中级选手或者高级选手,必须认真学习和掌握打牌六字箴言:主次、先后、快慢。

主次是说选手的定位是主角还是配角。主角掌握强势牌力和优势牌型,负责争上游。配角拥有一般牌力和普通牌型,负责协助和支持搭档争上游。选手在组牌阶段就要明确角色定位,并根据定位来合理设计手中的牌力分布和相关的牌型组合,在中场阶段和收官阶段也可以根据敌我双方牌力此消彼长的情况来调整角色,特别是在搭档有可能争上游的情况下,及时调整角色来支持和配合搭档。第八讲中识别出牌信号有关牺牲牌信号的两个经典案例,说明了一般牌力选手明确自己的助攻角色定位是多么的重要,第一种牌例,东方选手没有明确自己的助攻角色定位,领牌出单张♥6(第一圈牌出单张一般是强牌信号),结果西方选手牺牲自己三个炸弹配合东方选手,反而让北方选手和南方选手获得了上游和二游的位置。第二种牌例,东方选手明确自己的助攻角色,领牌示弱出双张,搭档西方选手拥有优势双张牌型，结果西方选手就获得了上游位置。第一圈牌出单张和双张之差，失之千里，结局完全不同。

先后是说选手的出牌次序。先出自己的优势牌型（能打能收），后出自己的弱势牌型（缺乏控制力）；先出搭档需要的牌型或者搭档具有优势的牌型（搭档出过的牌型），后出搭档不需要或者没有控制力的牌型；先出对手不喜欢的牌型或者没有优势的牌型，后出对手出过的优势牌型。在开局阶段先出什么牌型是有明确的信号的，在中场阶段通过炸弹上手，先出什么牌型主要根据自己的角色定位或者搭档的牌型需要，在收官阶段先出什么牌型不仅要根据进攻和支持搭档争上游的需要，同时也是提防对手争上游的要求。一招不慎，满盘皆输，说的就是出牌的先后次序。

快慢是说出牌的节奏。选手必须明确什么牌力和牌型需要快速前进（比如强牌），什么牌力和牌型需要稳中求进（一般牌力或者强牌弱打），什么牌力和牌型需要按兵不动、伺机而动（比如弱牌）。出牌的节奏很重要，如果超强牌选手在开局阶段就大打出手,结果让对手避其锋芒、不与强者交锋,失去了消灭对手主要牌力和牌型的机会。如果是一般牌力,在中场阶段就贸然与强牌对手较劲,过早地消耗了有限的牌力和优势牌型,结果在搭档需要支持的关键时刻因为没有牌力而只能躺平了。弱牌选手如果在中场阶段发现搭档有实力争上游,就要择机支持搭档,或者根据搭档与对手交战的情况来确定何时出手支持搭档。

超强牌选手可以采用快与慢相结合的策略来吸引对手的主力。超强牌选手在开局阶段适当展示一下牌力和控制力,一旦发现强牌对手示弱不出牌或者对手牌力一般的情况下,就要把出牌节奏放慢,比如把双张拆成单张出,把三带二拆开出双张,再出单张或者双张,目的就是吸引对手的主力出动,进而消灭对手的主力。超强牌选手在中场阶段把节奏放慢,也是让搭档借助自己的强牌实力争取出牌机会,同时观察搭档的牌力和牌型,为了更好地支持搭档多出牌。

掼蛋高手不仅能根据手中的牌力和牌型准确定位自己是主攻角色还是助攻角色,还能够把握好出牌的先后次序和快慢节奏,把牌打得高低起伏、环环相扣、出神入化,让对手望其项背、心悦诚服。

说话如果没有言之有物、言之有理和言之有据,就是乱说话。打牌如果没有心法和战法,就是乱打牌。心法就是策略,战法就是技巧。笔者衷心地希望掼蛋爱好者们通过研读本书的一些理论知识与实战案例,逐步掌握掼蛋的基本规则和定律,在实战中运用好掼蛋的主要策略与技巧,争取尽快成为一名掼蛋高手。